南京的城门

朱明娥　著

『大观南京』丛书（第二辑）
主编◎曹劲松

南京出版传媒集团
南京出版社

图书在版编目（CIP）数据

南京的城门 / 朱明娥著. -- 南京 : 南京出版社,
2024.4
（“大观南京”丛书. 第二辑）
ISBN 978-7-5533-4653-3

Ⅰ. ①南… Ⅱ. ①朱… Ⅲ. ①古建筑－介绍－南京
Ⅳ. ①K928.77

中国国家版本馆CIP数据核字（2024）第032940号

书　　名　南京的城门
作　　者　朱明娥
出版发行　南京出版传媒集团
南 京 出 版 社
社址：南京市太平门街53号　　邮编：210016
网址：http://www.njcbs.cn　　电子信箱：njcbs1988@163.com
联系电话：025-83283893、83283864（营销）　025-83112257（编务）

出 版 人　项晓宁
出 品 人　卢海鸣
责任编辑　谢　微
装帧设计　赵海玥
责任印制　杨福彬

排　　版　南京新华丰制版有限公司
印　　刷　南京凯德印刷有限公司
开　　本　787 毫米 × 1092 毫米　1/32
印　　张　4.5
字　　数　70千字
版　　次　2024年4月第 1 版
印　　次　2024年4月第 1 次印刷
书　　号　ISBN 978-7-5533-4653-3
定　　价　28.00 元

用微信或京东
APP扫码购书

用淘宝APP
扫码购书

前言

“城门城门几丈高？三十六丈高。骑花马，带把刀，走进城门抄一抄。看你吃橘子，还是吃香焦？”“城门城门几丈高，三十六丈高。骑花马，带把刀，城门底下走一遭。”这两首不同版本的童谣在南京广为流传，一代又一代的南京人在吟唱城门的童谣中度过天真烂漫的童年。明代南京城墙的城门是不是“三十六丈高”其实并不重要，重要的是，南京城门作为前人留下的宝贵遗产，在南京人心目中占有独特而又重要的地位。

明代南京第一次成为大一统王朝的都城，明太祖朱元璋出于彰显皇权和帝国形象以及城市防御等多方面需要，前后利用二十八年的时间，精心规划、修建了宫城、皇城、京城、外郭四重城垣环环相套的南京城。南京城规模之巨、体量之大、设计之新、布局之奇、构造之巧、用料之精，以及城门之特别，让中外人士交口称赞。明朝万历年间大学者顾起元在《客座赘语》

中写道：“南都城围九十里，高坚甲于海内。”同时期的意大利传教士利玛窦来到南京惊叹：“论秀丽和雄伟……确实或许很少有其他城市可以与它匹敌或胜过它。”（《利玛窦中国札记》）

在高墙耸立的封建时代，城门是进出一座城市的通道，也是一座城市最易被攻破的部位；带有城楼的城门不仅是城市的象征，更彰显城市的地位。城门的设置还与城市内部的规划布局密切相关。四重城垣的南京城，究竟有多少城门？清朝文学家吴敬梓在《儒林外史》中给出的答案是：“这南京乃是太祖皇帝建都的所在，里城门十三，外城门十八，穿城四十里，沿城一转足有一百二十多里。”书中提到的“里城门十三”指的是京城城门，“外城门十八”指的是外郭城门。南京民间简称为“里十三，外十八”。实际上，明代南京城门数量远不止于此。比如还有宫城六门、皇城六门，吴敬梓只字未提。而明代以后，在不同的时代，南京又开辟了众多的城门。

清朝时期，为了便于居民出行和游客观光，在原来京城十三座城门的基础上，开辟了草场门、小北门、丰润门三座城门。1927 年国民政府定都南京后，南京城市人口急剧增长，为了便于城内外的交通，促进经济的发展，又陆续开辟了海陵门、挹江门、中山门、中央门、玄武门、武定门、新民门、汉中门、中华东门·中华西门、雨花门和新开门十二座城门。1949 年中华人民共和国成立后，又在南京城墙上开辟了解放门、集庆门、华严岗门、标营门、长干门、紫金桥通道、阅江楼西门、后宰门通道、武定门通道、蓝旗街通道、赤石矶通道等多座城门和通道。

据不完全统计，从 1366 年朱元璋开始修建南京城开始，到今天为止，南京的城门和通道共约七十座。

这些城门是在什么背景下诞生的？为什么会拥有不同的名称？它们的形制有何不同？相互之间有何渊源关系？在每一座城门背后又有怎样的故事？城门的现状如何？诸如此类，都是大家所关心的话题。下面，就让我们共同探寻南京城门的奥秘吧！

目录

明代城门

1368年，朱元璋在应天府称帝，改应天府为南京，年号为洪武，建立大明王朝。

南京自吴大帝孙权定都以来，先后有东晋、宋、齐、梁、陈和南唐在此定都，但无一例外都是地区性的王朝或政权，明朝定都南京，打破了以往的先例，成为建都南京的第一个统一王朝，明太祖朱元璋、建文帝朱允炆、成祖朱棣相继以南京为都，历时达五十三年。

朱元璋像

1421年，明成祖朱棣迁都北京后，南京成为留都（相当于陪都），又称南都、南中，其地位仅次于北京。有明一代，南京政治稳定，经济繁荣，文化昌盛，对外交流频繁。

早在元顺帝至正十六年（1356），朱元璋攻占江南重镇集庆路（今南京），改名应天府，采纳高级幕僚、大学者朱升提出的“高筑墙，广积粮，缓称王”的建议，经过十多年的积蓄力量，于1366年开始兴建宫城，与此同时，又开始扩建应天府城。1368年，朱元璋定鼎南京后，开始大规模建造帝都。为了将南京建造成天下第一都城，朱元璋下令征调全国各地工匠、人夫（普通百姓）和罪犯进京筑城，人数达百万之众。他还下令南直隶（包括今江苏、安徽和上海）、江西、湖北、湖南的地方政府，以及驻扎在京城内外的军队卫所、中央工部等按照统一的规制烧造城砖。南京城墙从1366年兴建至1393年四重城垣才陆续竣工，前后耗时达二十八年之久。

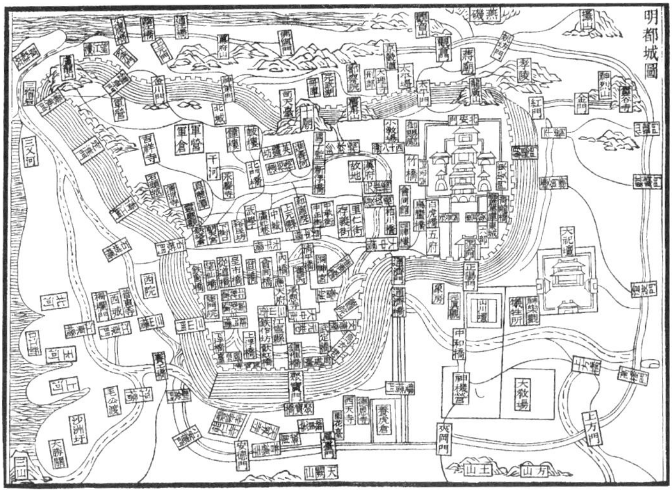

《明都城图》中的四重城垣（《金陵古今图考》）

明朝南京城从内到外由宫城、皇城、京城、外郭四重城墙构成。历经六百五十余年自然和人为的损毁，虽然宫城、皇城、外郭均遭受到严重的破坏，但是其中最具有代表性的京城（南京城墙）仍较完好地保存下来，成为人类遗留下来的一笔宝贵文化遗产，受到世界范围内越来越多有识之士的关注。1988年，南京城墙被列为全国重点文物保护单位。2006年和2012年，南京城墙两次以“中国明清城墙”联合申遗项目入选《中国世界文化遗产预备名单》。

意大利传教士利玛窦（Mathew Ricci，1552—1610）曾在明朝晚期三次来到南京，他对层层环绕的南京城墙印象尤深，在《利玛窦中国札记》中对其由内至外依次进行了详细的描绘：

其中第一层和最里面的一重，也是最华丽的，包括皇宫。宫殿依次又由三层拱门墙所环绕，四周是濠堑，其中灌满流水。这座宫墙长约四、五意大利里。……第二重墙包围着包括皇宫在内的内墙，囊括了该城的大部分重要区域。它有十二座门，门包以铁皮，门内有大炮守卫。这重高墙四周差不多有十八意大利里。……第三重和最外层的墙是不连续的……两个人从城的相反两方骑马相对而行，花了一整天时间才遇到一起。

城门是城墙的关键要素，德国前驻华大使埃尔温·维克特曾在《约翰·拉贝其人》一文中写到，南京城墙“仅城门就是一个巨大的要塞工事”。时至今日，南京还流传着“里十三，外十八，一把门闩里面插”之类的童谣。下面，我们按照由里至外的顺序，对南京四重城垣的城门进行介绍。

宫城城门

南京明朝宫城俗称紫禁城，又称大内，位于京城东隅和皇城的中部，即今天的明故宫。始建于元至正二十六年（1366），落成于吴王元年（1367）。洪武八年至十年（1375—1377）进行了改建。改建后的大内宫殿，稍有增筑，布局依旧，而规模更加宏大。

宫城是明代南京城最核心的部分。因是填平燕雀湖（今前湖是其剩余下来的一部分）而建，其地势南高北低。

宫城平面呈正方形，东西宽 0.75 千米，南北长 0.95 千米，周长 3.4 千米。辟有六门：南面三门分别为左掖门、午门、右掖门，其余三面各辟一门，东曰东华门，西曰西华门，北曰玄武门（后改为厚载门，今后宰门一名由此而来）。宫城周围有护城河（俗称玉带河）环绕。宫城南面的午门在营建之初并无双阙，明洪武八年（1375）朱元璋下诏放弃营建明中都后，增设东

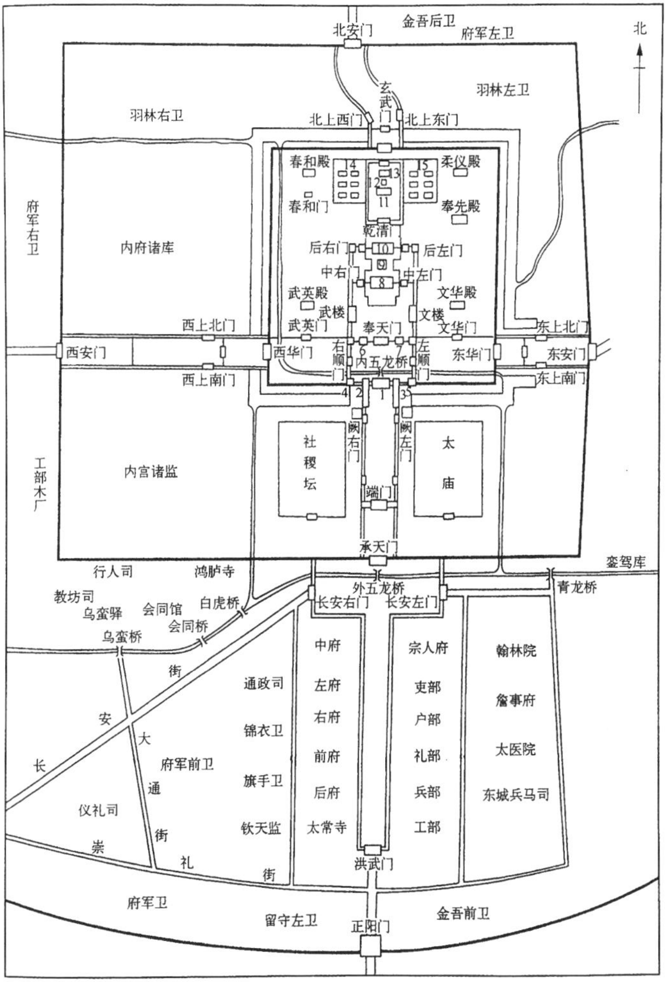

明南京宫城皇城复原示意图（潘谷西《中国古代建筑史》）

西两阙。

宫城坐北朝南，建筑群可分为三部分。

第一部分是中轴线上的建筑群。中轴线上由南向北依次是午门、奉天门、“前朝”三大殿——奉天殿、华盖殿、谨身殿及“后寝”两宫——乾清宫、坤宁宫。“前朝”是皇帝办理朝政、接待中外使节朝觐、大宴宾客、策试会试举人的场所；“后寝”（又称后廷）及左右附属建筑是皇后和皇室成员、侍从聚会、宴饮、居住、学习和游憩的场所。两者组合起来，共同称为“朝廷”。

第二部分是东部建筑群。中轴线东侧由南至北依次是文华殿、奉先殿和柔仪殿。其中文华殿是东宫太子处理政务、宴饮国戚及东宫官属之所，奉先殿是供奉和祭祀皇室祖先之所。

第三部分是西部建筑群。中轴线西侧由南至北依次是武英殿、春和殿。其中武英殿是皇帝斋戒时所居住的地方。

这种建筑格局，不仅是明朝中都临濠（今安徽凤阳县）宫城的范本，也是明清北京紫禁城的蓝本。据《明太宗实录》卷三二三记载：永乐十八年（1420），“营建北京，凡庙社、坛场、宫殿、门阙，规制悉如南京，而高畅壮丽过之”。

南京明代宫城留存下来的城门有午门和东华门。

午门

午门俗称午朝门，位于南京午朝门公园南端，是宫城的正南门，因“居中向阳，位当子午”，故名午门。午门规格在明故宫所有城门中至高无上。午门上原有雕梁画栋、崇闳壮丽、彼此相连的城楼五座，俗称五凤楼，今已无存。

午门平面呈倒写的“凹”字形，坐北朝南，辟有三孔券门，两阙东西相对，各设一个阙门。午门中门拱券高 8 米，宽 6 米。午门北为内五龙桥（金水桥）

明故宫午门（1888 年摄）

午门今貌

和奉天门，南为御街（现为御道街）、端门、承天门、外五龙桥和洪武门。午门不仅是帝后、官员和使节出入皇宫之门，而且是举行大典之所，也是传达皇帝圣旨及朝廷文告的地方，同时还是皇帝处罚大臣的廷杖之地和赏赐大臣的场所。

太平天国时期，午门遭到严重损毁。民国时期，午门双阙因建明故宫机场而被拆除，只留下三孔门洞。午门石质须弥座高 1.2 米，刻有典型明初风格的方胜纹和卷云纹浮雕；三孔券门内还保留着明代的青石板路面；午门顶部遗留有数十个巨大的石柱础；门内（北）的内五龙桥保存完好；门外（南）御道上的外五龙桥经过后代整修，风貌犹存。

1958 年，午门及北面的奉天殿遗址被开辟为午朝门公园。

东华门

东华门是宫城东门，与西华门相对，也是南京现存较为完整的宫城城门之一。

东华门坐西朝东，辟有三孔券门，中门高 6 米、宽 5.4 米；两侧拱门高 4.8 米、宽 4.5 米。石质须弥座上刻有浅浮雕云纹，三孔券门内青石板路面犹存。顶部原有门楼，现已无存，但仍有四十个石柱础保存至今。东华门形制与午门、西安门相似。东华门因长期位于南京冶金器材厂厂内而幸运地留存至今。2002 年，有关部门对东华门进行了修缮，并对周边环境进行整治，建成东华门遗址公园，对公众开放。

东华门旧影

东华门今貌

皇城城门

皇城在京城东部，环绕在宫城之外，北枕钟山支脉富贵山，南临秦淮河。既有水运之便，又与前朝（元朝）旧城紧密相连，各方面都很理想，也合乎“背山、面水、向阳”的模式，唯一的缺点就是地势低洼。

皇城坐北朝南，平面呈倒“凸”字形。东西宽2千米，

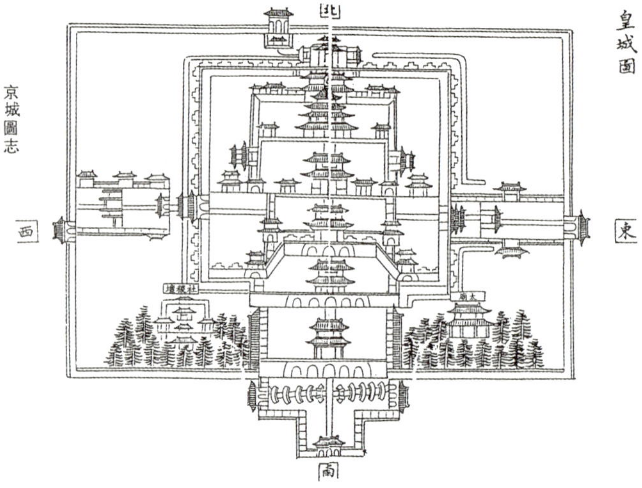

明朝《皇城图》（《洪武京城图志》）

南北长 2.5 千米，周长约 9 千米。周围有御河环绕。它与宫城合称为“皇宫”。

皇城的建设略晚于宫城。据清代顾炎武《建康古今记》记载：“洪武元年九月戊申，置洪武门千户所。”由此可知，朱元璋称帝之前，就开始修建皇城，直到洪武二十五年（1392）还有修建。

皇城辟有六门：南为长安左门、洪武门、长安右门，东为东安门，西为西安门，北为北安门。这六门分别与宫城的六个城门相对。同时，洪武门与北面的宫城午门、南面的京城正阳门，处在同一条中轴线上，构成明朝南京城的御道。在皇城内的御道两侧，左为太庙，右为社稷坛。

明朝中都临濠（今安徽凤阳县）以及后来的北京皇城均是模仿南京皇城而建。南京明皇城现在仅有西安门保存下来。

太平天国时期，为建造天朝宫殿，“隳西华门一面城，自西长安门至北安门南北十余里，穷砖石，筑宫垣九重”（《同治上江两县志》卷一一《建置志》）。民国时期，为开辟中山大道，明故宫城墙又一次遭到拆除。新中国成立后，在 20 世纪五六十年代，明故宫遭到大规模拆除。

西安门

西安门，位于中山东路与龙蟠中路交会处南侧，历史上常常误认为是宫城的西华门。

西安门是皇城最西面的一座城门，也是由南京主

西安门（1910 年摄）

西安门今貌（王腾摄）

城区进出皇城和前往城东最方便的城门。由于整个皇城偏在南京城东南，从南京主城区过玄津桥，进入西安门，经过西华门，过内五龙桥，再经过东华门、东安门，出朝阳门（今中山门），便来到当时的南京城东。

西安门为三孔券门，规格仅次于午门，其石质须弥座与午门、东华门一样，均刻有典型明初风格的卷云纹，拱门内还保留着明代的青石板路面。今西安门城楼已毁，门外（西）杨吴城濠（今秦淮河东支）上的玄津桥尚存。

2002 年，有关部门对西安门进行了修缮，并对周边环境进行整治，建成西安门遗址公园对公众开放。

京城城门

京城城墙，即南京城墙，又称京师城垣、里城、内郭、内城，建于1366—1393年间，周长“九十六里”（实测全长35.267千米）。地处东经118度22分—119度14分、北纬31度14分—32度36分之间，因形随势，蜿蜒起伏，连绵不绝。南京城墙顶部原有雉堞（又称墙垛、垛口）17597个，并有屯兵城堡（窝铺）247座。据明朝陈沂《金陵古今图考》记载：“（京城）东尽钟山之南冈，北据山控湖，西阻石头，南临聚宝，贯秦淮于内外。横缩屈曲，九十六里。”它突破了中国古代城墙方形或矩形的传统规制，按照山川、湖泊、河流的地理形势，根据防御的需要，因形随势而建，平面呈西北角伸出而南部突出的不规则形状。南北长约10千米，东西长约5.5千米。东北靠近钟山西南麓，与前湖、琵琶湖相邻；北面紧邻玄武湖，将覆舟山（九华山）、鸡笼山全部包进城内；西面和西北角几乎伸到长江边，把石头山、乌龙潭、狮子山、马鞍山纳入城中；南面将秦淮河包进城内。它将六朝建康城、南唐江宁城、宋代建康府城、元代集庆路城全部涵盖进来，成为南京历史上规模最大、建筑最为坚固的城墙。在明朝迁都北京前，它曾经一度是世界上规模最大、最为宏伟的城墙。我们今天在南京所见到的城墙就是明朝南京京城城墙。

据洪武三十一年（1398）九月敕修的《明太祖实录》卷二一记载："丙午八月庚戌朔，拓建康城。""丙午八月庚戌朔"即元朝至正二十六年，即1366年9月5日开始筑城，至1393年完工。明朝李东阳（1447—1516）等人编纂的《大明会典》卷一八七记载："京师城垣，洪武二十六年（1393）定……城周围九十六里，门十三，曰：正阳、通济、聚宝、三山、石城、清凉、定淮、仪凤、钟阜、金川、神策、太平、朝阳。"

南京城墙建成后，由于城市发展需要，在清朝、民国和当代陆续开辟了多座城门。

南京城墙依据地理形势和城市整体布局，在东、西、南、北四面共辟有十三座城门，每一座城门都建有规模大小不一的城门楼（又称镝楼、敌楼），有的还设有内瓮城或外瓮城。每座城门均设木质对开城门

南京主城区图明代十三座城门位置示意图

和上下启闭的闸门（俗称千斤闸）各一道，并设有数量不等的官兵把守。这十三座城门的具体分布情况是：北面从东往西依次是太平门、神策门、金川门、钟阜门；西面自北往南依次是仪凤门、定淮门、清凉门、石城门、三山门；南面自西到东依次是聚宝门、通济门、正阳门；东面只有唯一的朝阳门。

关于京城十三座城门，明万历二十七年（1599）刊刻的余象斗《新刻天下四民便览三台万用正宗》卷二《地舆门》中有《南京城十门诗》曰："神策金川仪凤门，怀远清凉到石城。三山聚宝连通济，洪武朝阳定太平。"这首诗中实际提到的有十二座城门，钟阜门可能因为长期关闭便没有提及；十二座城门中，定淮门误作"怀远门"，正阳门误作"洪武门"。明代天启六年（1626）刊刻的程春宇《士商类要》卷一《南京十二门诗》曰："神策金川仪凤门，定淮清凉共石城。三山聚宝连通济，洪武朝阳见太平。"其中也没有提到长期处于封闭状态的钟阜门，并误将洪武门当作"正阳门"。

此后，在南京民间，关于城门的民谣流变成了这样："神策金川近钟阜，仪凤定淮清（凉）石城，三山聚宝连通济，正阳朝阳定太平。"这首民谣将十三座城门自北向南、自西向东按逆时针方向串联起来，读起来朗朗上口，记起来轻松自如。明朝的十三座城门中，除了石城门、三山门、聚宝门这三座城门分别沿袭了杨吴南唐江宁城的大西门、水西门和南门旧址外，其余的十座城门都在明朝时期新建。为了加强城门的防御，洪武年间，在十三座城门分别设置十三个千户所，各有士兵1200人守护，设正、副千户各一员。永乐年间，一度设置京师城门郎。

明朝京城南京十三座城门，目前仅有聚宝门（今中华门）、石城门（位于今汉中门广场）、神策门（今和平门）、清凉门四座城门保存较好，其他的九座城门均荡然无存，只留下城门名称。现按照南京民谣的顺序分别简述如下。

神策门

神策门是南京城墙目前保存下来的唯一一座带有外瓮城的城门，神策门位于南京城北中央门立交桥东南角，玄武湖西北角，临近今龙蟠路，西北和北部不远处是幕府山和长江。古代在军事上占有重要地位。神策门一名源自明代驻扎此门的精锐禁军“神策卫”。

清朝顺治十六年（1659），郑成功抱着“灭清复明”的信念，率约二十万大军从舟山群岛出师北伐，水陆并进，一路势如破竹，很快到达上海崇明。八月，水师抵达南京观音门外，郑成功随即率领诸将在仪凤门（今兴中门）外登陆，屯兵南京城下。两江总督郎廷佐一边向清廷告急，一边调兵遣将，加强城市防卫。从上海崇明赶来增援江宁（今南京）城防的清军苏松总兵梁化凤在郎廷佐的授意下，决定诈降。他派人与郑成功谈判，提出愿意开门纳降，但是清廷有规定，如果不抵抗就投降的话，守城官员在北京的家属性命难保，必须守城到一定的时间后开门投降，家属才不会受到牵连。郑成功信以为真，中了梁化凤的缓兵之计，命令士兵门驻扎在城外，等待清军投降。在等待清军投降的日子里，郑军官兵整日在南京城外无所事事，每日以纵酒、赌博、捕鱼为乐，毫无防备。郎廷佐、梁化凤侦知情况后，为解南京之围，改被动防守为主动出击。梁化凤出其不意地打开神策门，率清军从神策门悄悄出城进行偷袭，大败驻扎在白土山的郑军。此后数日，又从仪凤门、钟阜门等处出击，连败郑军，郑成功功亏一篑，率军撤离南京，退回到福建。顺治皇帝为了庆贺这场胜利，下令将神策门更名为“得胜门”，但南京的官方和民间仍习惯称之为“神策门”。

神策门及外瓮城（20 世纪 30 年代初摄）

1927 年，国民政府定都南京，次年，南京特别市政府以神策门等明代城门大多含有封建帝王思想或神秘观念，起初打算将神策门改为自由门，“取意革命意义在争自由，以表显本党精神，并示一入此门，即趋于自由正轨之意”。1929 年 4 月，南京特别市市长刘纪文亲自函请国民党和政府要人书写城门匾额，随函还寄去匾额样纸一幅。“和平门”三字匾额由立法院院长胡汉民书写。“和平门”石额有两块，每一块石额均由三小块近似正方形的石头组成。一个镶嵌在神策门外瓮城朝北的券门上，“和平门”三字为阴刻，隶体，左读，横书，字体描红；左边竖书阴刻行楷“胡汉民书”字样；右边竖书阴刻楷体“民国十八年四月”字样；在中间的“平”字下方，横书阴刻楷体“首都杨万源镌”六个小字。另一个石额镶嵌在和平门主城门朝南的券门上，上面仅剩“和平门”三字。

20 世纪 30 年代，美国亚细亚火油公司获得此地的使用权，将瓮城改成大型油库。日军占领南京后，这里依然是油库。后来又被国民党军队和中国人民解放军原南京军区后勤部沿用为油库。神策门自新中国成立以来一直是军事禁区，从未向公众开放，一度成为

和平门主城门与城楼

南京明城墙中最神秘的一段，因而得以完整保存下来。

神策门具有三大与众不同的特点：一是瓮城在外。神策门依山而建，紧紧地将一座小山“抱在怀中”。瓮城建在城门之外，给主城门增加了一道防御屏障。二是外瓮城开有两门：一在东南，门向朝北；一在西边，门向朝西。两座瓮城城门与主城门都不在同一条中轴线上，这在明朝城门中也是特例。三是瓮城平面呈不规则的刀形，瓮城外城墙高 9.5 米，建有雉堞，长约 230 米（南面与城门相邻部分的 137 米长度未计在内）。

今天，从神策门瓮城东南门进入瓮城，折而西行，便来到门向朝北的神策门主城门外，两扇八九米高的木质大门横在眼前，木门的外层包裹着厚度为 5 毫米的铁板，锈迹斑斑，显得黝黑沉重。而铁皮内，用来制造大门的数十根粗大的杉木都已经出现不同程度的腐烂，尤其门下方的木头已经烂尽。现在其下方用铁丝网罩上。这两扇门为清代遗物，是南京城墙仅存的大门，堪称“古董级”文物。

在神策门上有城楼一座，系清光绪十八年（1892）重建，这是目前南京城墙上保存下来的唯一的一座城楼。城楼平面呈长方形，建在一层石台阶上，四周有回廊，城楼高两层，三开间，重檐歇山顶，砖木结构。

自2000年起，南京市政府和原南京军区通力合作，迁移走油罐，洗刷尽油垢。之后，南京市文物和园林部门对神策门分别进行了城墙加固、城楼修缮以及绿化，将其辟为公园。2001年，南京市投入3000多万元实施神策门公园一期工程建设；2004年又投入2000余万元，实施神策门公园扩建工程。2004年10月1日，神策门遗址公园正式对外开放。

金川门

金川门位于南京城北，门向朝北，为单孔券门，城门上有城楼一座。因金川河（旧有金川门涵洞）由此出城，故名。现已无存。

明代金川门地处南北交通要冲，在明代内部政权更迭中扮演了重要角色。

1398年，明朝开国皇帝朱元璋驾崩后，因太子朱标早逝，长孙朱允炆登基，年号建文。建文帝为加强中央集权，采纳大臣齐泰、黄子澄的建议，推行削藩政策，先后削除五位亲王的爵位，这引起了分封北平的皇四叔燕王朱棣（后来的明成祖）的不满。1399年，朱棣以“诛齐（泰）黄（子澄）”“清君侧”为名，发动“靖难之役”，带兵南下，公开造反。1402年，由龙潭兵临南京城下。这时，守卫金川门的朱元璋第十九子谷王朱橞和曹国公李景隆竟然打开城门，迎接燕王朱棣入城，南京遂陷落。史称："宫中火起，（建文）帝不知所终。" 燕王朱棣夺取政权，登上帝座。

清朝陈文述《秣陵集》中有《金川门》诗二首，其一咏道："古来家国多奇变，第一无名靖难兵。未见削藩筹北伐，翻劳破斧启东征。孝昭继统应相似，新室安刘亦此情。太息金川门下过，青山依旧秣陵城。"其二咏道："因思创业非常事，内患多由立长开。但令懿文承统后，能禁元吉夺门来。园陵景泰多余恨，江汉宸濠亦异才。一代贻谋凉德在，故都风雨不胜哀。"

据明朝周晖《续金陵琐事·天子入金川》记载："造金川门时，阴阳家占之，谓后当有天子从此门入。太祖闻其言，方门落成，即命驾自外而入，以应其兆。不知其兆乃在成祖也。"这段文字的意思是，修建金川门时，风水先生说，将有皇帝从此门入城。明太祖听说后，门刚落成，就由此门入城，以回应这个预言。朱元璋哪里知道这个预言说的是明成祖朱棣。

朱棣当上皇帝后，对谷王朱橞等人赏赐有加。周晖《续金陵琐事·赏金川门功》记载了其对谷王的赏赐，从乐队、卫士、良马、羊、伙夫，到金银财宝、绫罗绸缎、各种香料，应有尽有。

在十三座城门中，朱棣对金川门十分看重，专门委派他的妹夫、明太祖的第十六女宝庆公主的驸马爷赵辉担任金川门的千户所“千户”，统领士兵1200人。赵辉“凡事六朝”，长达六十四年，这在我国历史上绝无仅有。

明末至清光绪年间，金川门曾长期封闭。清朝光绪二十五年（1899），南京辟为商埠，下关地区成为水陆交通枢纽，中外商人纷至沓来，商业日渐繁荣。然而，由下关通往南京城内的江宁马路，漫长而又崎岖不平，使得出入南京城的交通极为不便。光绪三十三年（1907），时任两江总督的端方上奏清政府，提出修建南京市内铁路，以沟通下关招商轮船码头与南京城南繁华地区的交通。经清政府批准后，于当年十月破土动工，次年十二月建成。宣统元年（1909）一月，全线通车，取名为“宁省铁路”。该铁路轨制、车辆均与当时的沪宁铁路相仿。因其线路短、站距近、设施简单、行车速度慢，俗称“小铁路”或“小火车”。“宁省铁路”全长11.3千米（一说12.5千米），起自下关江边，跨惠民河，由金川门入城，经三牌楼、丁家桥、无量庵，沿北极阁南麓，两江师范学堂（今东南大学四牌楼校区）后墙，越珍珠河后，在今太平南路东侧南折，经过两江总督署（今总统府）东墙外，到中正街（今白下路）止。“宁省铁路”的开通，极大地改变了南京城南北的交通状况，对于南京商埠的繁荣与发展起到了促进作用。金川门也成为南京城门中既通火车又通行人和黄包车的一座城门。

今天南京城内的铁路北街、铁路中街、铁路南街就是当年的宁省铁路路基所在。相传当年修建“宁省铁路”时，在金川门洞内挖出一块石碑，上书“此路变成铁，大清江山灭”的谶语，当时修路工头不敢声张，怕招来杀头之祸，便砸碎石碑，扔进了金川河。说来

金川门（20世纪30年代初摄）

也巧，没过几年，清朝就灭亡了。这一奇闻，至今仍为老南京人津津乐道。

钟阜门

钟阜门俗称“东门”“小东门”。位于南京城西北狮子山的东麓，外临护城河，因面对钟山而得名。

据明末清初顾炎武《建康古今记》记载：“（洪武）十一年十二月丁巳，以京城东门为钟阜门。”明朝十三座城门中，唯有此门向内凹入，与两边城墙不在一条直线上。

该城门为单孔券门，门向朝东，城门上有城楼一座。自建成后，因位置“荒僻”而长期关闭。1962 年 12 月，相关部门以钟阜门孤立地存在，不仅有碍观瞻，而且存在倒塌的危险，因此将其拆除。如今仅留下钟阜路、钟阜桥等地名。

仪凤门

仪凤门（民国时期改名兴中门）位于南京城西北角的狮子山（明代称卢龙山）南麓与绣球山（明代称金锁山）之间，南有民国时期开辟的挹江门，是南京城出入江边的重要通道。

仪凤门建于明朝洪武十七年（1384），为明代十三座城门之一。该城门为单孔券门，高约8米，宽6米，门向朝西，与钟阜门隔着狮子山而建。城门上有城楼一座。据传，狮子山麓有龙凤呈祥地势，故建钟阜（向东）、仪凤（向西）两座城门。

明成祖朱棣迁都北京后，仪凤门曾经与钟阜门同时被封塞。

清朝顺治十六年（1659），苏松总兵梁化凤在江宁（今南京）继打开神策门袭击郑成功军队首战告捷后，次日，又打开封闭多年的仪凤门和钟阜门，夹击郑成功部队，取得大胜。

1853年3月19日，太平军首先在仪凤门附近挖地道、埋炸药，炸开缺口，先头部队攻入南京城，在总督府附近的黄家塘杀死两江总督陆建瀛，为攻取整座南京城奠定了基础。

晚清时期，两江总督张之洞主持建造以总督衙门为中心的“江宁马路”，向北即从仪凤门出城至下关。20世纪初，鲁迅先生在江南水师学堂求学时，由下关进城经过的就是这座城门。他在1926年撰写的《琐记》一文中写道：“一进仪凤门，便可以看见它那二十丈高的桅杆和不知多高的烟通。”

仪凤门（《金陵胜观》，1910 年）

1930 年，为声援和记洋行工人的斗争，南京晓庄师范等学校的学生举行了声势浩大的示威游行。游行队伍在通过兴中门时，受到封锁，愤怒的示威群众冲开城门，直奔和记洋行。

1945 年，日本战败投降后，国民政府在兴中门外建起了“南京市日侨集中营管理所”，收容了大批等待遣返回国的日侨，兴中门见证了中国人扬眉吐气的时刻。

清朝宣统年间，因避宣统皇帝爱新觉罗·溥仪名讳，仪凤门一度改名威凤门。宣统二年（1910），南洋印刷官厂出版的徐寿卿《金陵杂志》之《城垣志》中，

仪凤门今貌

将南京内城门中的仪凤门写作“威凤门”。同年，江楚编译局出版的陈作霖《上元江宁乡土合志》卷三《地理》也写道：“狮子山即古卢龙山……在上元威凤门内。”但民间仍习惯称其为仪凤门。

1927年，国民政府定都南京。次年，以仪凤门寓意“凤凰来仪”，系君主专制时代夸耀祥瑞的阿谀奉承之词，不适用于共和时代，于是改名为兴中门，取意“兴旺中华民国，并为总理提倡革命之初所立会名”。1929年4月，南京特别市市长刘纪文亲自函请行政院院长谭延闿书写城门匾额。

1929年，从中山码头经挹江门至鼓楼、新街口，再东折至中山门的中山大道开通后，兴中门的通道作用大为降低。1971 年，从中央门经兴中门至下关的建宁路建成，兴中门被拆除。

2005 年 6 月，在兴中门城门原址上重建城门和城楼，新建的城门为三孔券门，巍峨壮观，但已非昔日面貌。

定淮门

定淮门原名马鞍门，民间误传为“淮远门”“怀远门”，位于南京城西，门向朝西，面朝外秦淮河，背靠古石头城，因临近城内马鞍山而得名。

定淮门（1963 年摄）

该城门建于明洪武初年，是一座单孔券门。城门上有城楼一座。据《明太祖实录》记载，洪武七年(1374)，改马鞍门为定淮门，寓安定秦淮河之意。

该城门位置幽僻，是通往龙江宝船厂的要道。清朝道光二十二年(1842)封闭。民国时期也曾一度封闭。

1953年，时任南京市市长要求打开定淮门，相关部门奉命开通。此后，相关部门在调查中发现该城门存在渗水、裂缝、鼓胀以及城砖剥落等险情，最终城门在20世纪60年代中后期被拆除。

清凉门

清凉门又名清江门，位于南京城西石头城遗址公园东南侧。门向朝西，倚山临河。据明末清初顾炎武《建康古今记》记载，洪武十二年（1379），改清凉门为清江门。明朝万历年间，城门仍被称作清凉门。

明代马生龙《凤凰台记事》记载，明太祖朱元璋在未当皇帝前，有一次渡江，所乘船只遇到危险，靠一根桅杆得以活命。当了皇帝后，他令人将此桅杆竖于一舟之上进行祭祀，此做法后成为一项制度。这根桅杆就竖立在京城清凉门外，已超过一百四十年了。相关机构每年拨款祭祀，并派一名士兵世代看守这根

维修前的清凉门

清凉门今貌（王腾摄）

桅杆，住在船旁，免其徭役。相传，这名看守桅杆的士兵就是当年救驾的水军士兵的后代。

该城门位置幽僻，清代至民国时期，长期封闭。新中国成立后也一度用红砖封闭，后于 1998 年重新打开。

清凉门有一道瓮城，瓮城建在城内，平面呈半圆形，直径约 40 米，主城门上建有城楼一座。如今，清凉门城楼已经不复存在，瓮城也荡然无存，但砖石结构的主城门仍留存下来，成为石头城遗址公园的一个重要组成部分。尤其值得一提的是，在城墙顶部南侧，还遗留当年的旗杆石一块。

石城门

石城门，俗称旱西门、汉西门，相对于南面的水西门而言，是南京城墙十三座城门之一，位于今汉西门大街与石鼓路交会处东侧，门向朝西，面临外秦淮河。外秦淮河上有石城桥，过桥可达明朝外郭城门石城关。

石城门是明洪武初年由杨吴南唐的大西门改筑而成，由两道瓮城、三道拱门组成。瓮城建在城内，平面呈长方形。因在城门上可遥望石头城，故取名为石城门。城门上有城楼一座。光绪十八年（1892），重建城楼，民国时期被毁。

明清两代，石城门是南京城西进城的交通要道之一。由石城门入城，一路向东，经过牌楼街、螺丝转湾，过新街口、土街口、胪政牌楼，可达大行宫，再经过玄津桥、西安门、西华门，可达明故宫；一路向东南，经过堂子街、朝天宫、红纸廊、下街口、珠宝廊、中正街、大中桥，可达通济门。清朝甘熙《白下琐言》记载："石城门至通济门，长街数里，铺石皆方整而厚。"

石城门外一带商业繁荣，舟船往来如梭，是京城重要的水陆码头和送客登舟之所。

清朝初年，康熙、乾隆皇帝数次南巡，离开江宁（今南京）时，曾经由这座城门出城，至秦淮河登舟北返。清朝王翚等人绘制的《康熙南巡图》卷一一专门描绘了旱西门（即石城门）的宏大壮阔与人烟辏集，以及外秦淮河上各种帆船云集的热闹场景。

在 1842 年中英《南京条约》议订过程中，石城门见证了惶恐不安的清政府官员和趾高气扬的英国侵略者频繁往来的场景。

清朝道光二十二年农历六月二十九日（1842 年 8 月 4 日），英国大批军舰驶抵南京，扬言于七月初二日开炮攻城。南京城形势危急，清朝钦差大臣耆英、伊里布和两江总督牛鉴商量后，连忙于初三日派张喜、陈志刚、刘建勋等人出旱西门，坐船出长江，至英国军舰上，与璞鼎查等人协商，请英军暂缓攻城。张喜等人与英国侵略者头目商谈良久才回城。“船至旱西门，则城门紧闭，轿马已回，静悄悄并无一人。叫之良久，城门始开。喜等进城，徒步行走，回至督署消差，回明一切。”

1865 年 9 月，江南制造局在上海成立，这是洋务派创办的规模最大的近代兵工企业。1868 年，该局制造出中国第一艘汽船“恬吉”号，当年 8 月在南京试航。曾国藩在 1868 年 8 月 13 日的日记中写道：“在汉西门坐小轮船至下关，上‘恬吉’轮船。巳正三刻开行，行至采石矶下之翠螺山，凡十二刻，行九十里。又自翠螺归至下关，凡六刻，行九十里。下行速于上水者一倍。中国初造第一号轮船，而速且稳如此，殊可喜也。”（《曾文正公手书日记》）

1911 年辛亥革命爆发后，新军第九镇在秣陵关起义，打响光复江宁城第一枪。经过反复较量，11 月 30 日，江浙联军攻下天堡城和雨花台。12 月 2 日，清军统帅张勋从汉西门逃出南京城，渡江北窜，南京光复。

20 世纪 50 年代，石城门出现险情的部分城墙被

维修前的石城门（1982 年摄）

石城门今貌

拆除。如今，石城门作为汉中门广场的一部分，城门及东侧、南侧的部分瓮城墙体保存完好，成为市民休闲观光的场所。

三山门

三山门，俗称水西门、下水门，位于今天南京城西偏南的水西门大街与城西干道交界处的东南角一带，原为南唐、宋、元时期的龙光门。洪武十九年（1386）重建，改称三山门。三山门一名推测与唐代大诗人李白《登金陵凤凰台》诗中"三山半落青天外"一语有关；而水西门之名应与紧邻该门南侧的西水关有关。

据明代徐必达领修、施沛等协纂《南京都察院志》卷二一《职掌十四·城垣》记载："（三山门）城楼一座，更衣厅三间，厨房二间，东厢房一间，城铺二十座，旗台三座，垛口八百六十四个，城长七百一十五丈。南至聚宝门界，北至石城门界。城下门券四层。……右边水关一座通城内秦淮大河。本门冲繁，通京驿道。"

三山门门向朝西，外临护城河（今外秦淮河），由三道瓮城、四道拱门组成。瓮城建在城内。从空中鸟瞰，平面宛若一艘巨船。这种造型与通济门相似。主城门上有城楼一座。城门南侧设水关一座，内秦淮

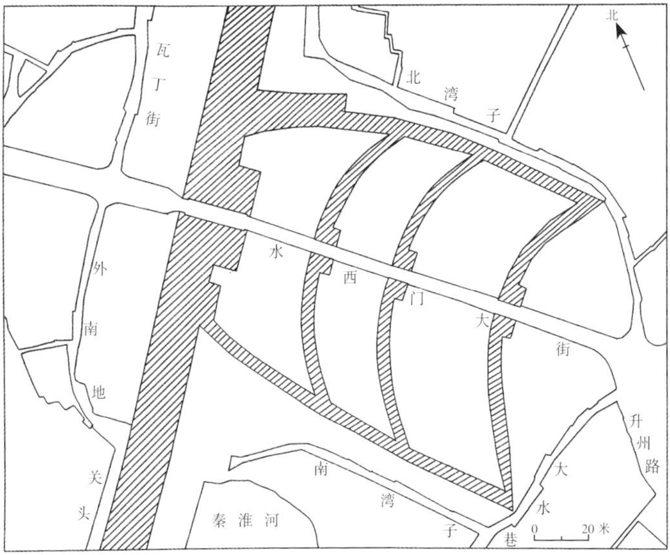

三山门平面图（南京市建设局勘察测量大队 1952 年绘制）

河水由此出城，汇入城外的护城河（外秦淮河）中。

三山门自明朝起，是南京的一个重要的水门，也是通往南京的一个重要驿道，南来北往的过客，常常都是由此门进出南京城。

洪武年间，在南京建造了十六座带有娱乐性质的官方旅店，其中三山门外有集贤楼，用以接待四方宾客。

1644 年，李自成进入北京，明朝崇祯帝在景山自缢身亡。在凤阳总督马士英、兵部尚书史可法、户部尚书高弘图等人的拥戴下，福王朱由崧从江浦坐船过江，首先到达外郭城门观音门，文武百官在龙江关等候谒见；接着乘船至三山门登陆，由城外向东绕城环行，拜谒明太祖孝陵，并询问懿文太子东陵情况。然后，从朝阳门入城，穿过东华门，步行过皇极殿，拜谒奉先殿，出西华门，以内守备府为行宫驻跸。（九峰居士《南京纪略》）

1853年3月19日，太平军攻占南京城；3月29日，天王洪秀全从水西门入城，直入两江总督府，将其改名为天朝宫殿，将江宁改名为天京。

20世纪50年代，水西门因出现渗水、裂缝、倾斜、鼓胀等险情而被拆除。

三山门（1958年摄）

聚宝门

聚宝门，俗称南门，又称中华门、中华门城堡、中华门瓮城。它地处南京城南交通咽喉要道，南临外秦淮河，北临内秦淮河，南北两侧分别以长干桥和镇淮桥贯通，是南京城的南大门。

聚宝门始建于五代十国时期的杨吴天祐十四年（917）。杨吴傀儡皇帝杨溥在位时，昇州防遏使兼楼船副使徐知诰（后来的南唐先主李昪）奉昇州刺史、养父徐温之命，建金陵城，此门后来成为南唐都城的正南门。南宋时又加固城墙，仍呼为南门。元朝时期沿袭旧制，无所损益。朱元璋在南京建立明朝前后，于1366—1393年间，扩建南唐、宋、元以来的南京城，将原来的南门改名为聚宝门，南门外的长干桥改名为长安桥。据史料记载，朱元璋将南门改名聚宝门是因为南门正对城南的聚宝山（今雨花台）；又有民间传说，朱元璋在建造南门时，城墙屡建屡坍，有人向朱元璋献计，借用江南富户沈万三家祖传的聚宝盆，朱元璋随即强行征借，将其埋在南门的东墙下，并建塔于其上。这样南门很快就修好了，于是南门也就更名为聚宝门了。

聚宝门一带皆巨石砌筑至顶，坚厚无比。明朝顾起元《客座赘语》卷九《石城》称赞道："南都城围九十里，高坚甲于海内。自通济门起至三山门止一段，尤为屹然。聚宝门左右皆巨石砌至顶，高数丈，吾行天下，未见有坚厚若此者也。"

聚宝门与通济门、三山门、洪武门由中军都督府于 1387 年初督造，造城门者为犯人。据《洪武实录》卷一七九记载："洪武十九年十二月乙酉，诏中军都督府督造通济、聚宝、三山、洪武等门……并以罪人输作。"

聚宝门是前往南郊的必经之地。晚明诗人黄姬水《金陵古意八首》（其四）写道："聚宝城门平旦开，倾都士女眺香台。夕阳官路游人散，竞折花枝插鬓回。"晚明诗人易震吉《竹枝》写道："山色青横聚宝门，春风花气软罗裈。长江泻下葡萄绿，付与登山醉客吞。"

清朝时期，城门名称未改。聚宝门城门楼为重檐歇山顶，清朝嘉庆年间倒塌重建。道光年间，知县傅璋修建城楼，并立碑纪念。

清朝同治三年（1864），浙江巡抚、威毅伯曾国荃率清军攻陷天京城，太平天国农民政权被镇压。曾国荃曾经在城外凤台山扎营，占领南京后，曾经驻扎在聚宝门城楼。

太平天国农民政权被镇压后的第二年，即1865年10月4日中秋之夜，署理两江总督李鸿章微服登上聚宝门，与幕僚在城楼炮台上纵论古今。

明清时期，聚宝门不仅与三山门（今水西门）、通济门同为交通要道，而且相传因其高大的黑石门槛从子时到午时会长高而被称作“活子午石”。对此，清代甘熙《白下琐言》写道：“明初建立都城凡十三门，钟阜、清凉、金川俱闭，往来通衢，三山、通济之外，以聚宝为最盛。其门槛高二尺许，长一二丈，色黝如铁，相传为活子午石，外国贡物。每日自子至午石长一分，必万人践之始磨灭，乃神其说也。”

1927年3月23日，北伐军攻占雨花台，由聚宝门进入南京城。

1927年4月，国民政府定都南京后，认为南京城门名称大多具有封建帝王思想和神秘色彩，不符合时代潮流，于是决定更改城门名称。1928年夏，将聚宝门改为中华门，取意“纪念中华民国”。1929年4月，由南京特别市市长刘纪文出面，函请国民政府主席、军事委员会委员长蒋介石题写城门匾额。由蒋介石题写的“中华门”三字匾额，因上面未署年月和姓名，所以历经“文革”，至今仍保存完好。

聚宝门鸟瞰（《金陵古迹名胜影集》）

抗战时期，中华门饱受侵华日军炮火的蹂躏。1937 年 12 月 13 日，中国守军与日军展开殊死搏斗，最后寡不敌众，致使中华门沦陷。中国守军在中华门保卫战中谱写了一曲壮丽的篇章。中华门城楼毁于日军的炮火，“中华门”匾额也被日军的炮火损毁，直到 1946 年国民政府还都南京后才重新制作更换。

聚宝门为南京古城墙十三座城门中，保存最完好、规模最宏伟、设计最奇巧、结构最复杂的城门之一。平面呈长方形，东西宽 118.5 米，南北长 128 米，占地面积 15168 平方米，高 20.45 米。有三道瓮城，以四道拱门贯通。每道拱门皆为重门，外面一道门皆为从城头上吊放下来的千斤闸，坚不可摧；里面一道为铁皮包裹的双扇木门，牢不可破。如今，千斤闸、木门均已无存，仅存闸槽和门位遗迹。在第二道拱门至第四道拱门上方，原来建有木结构绞关亭，现已无存；但在首道拱门二层藏兵洞的南端东、西两侧墙体上，仍保存有绞关石柱一对。在首道拱门上，原来还建有镝楼一座，现仅存石柱础。聚宝门内瓮城的形制，为明初南京城墙首创。由于内瓮城设置在城门的里边，就有条件设置瓮洞（即藏兵洞），将城门守御这一明显薄弱部位，变成防御作战中的强点，这是外瓮城所无法做到的。

聚宝门分为上、下两层，内有十三个藏兵洞，加上东、西两侧登城步道（又称马道）下方的十四个藏兵洞，共计二十七个，可藏兵 3000 余人。首道拱门上层面北的中洞进深 45 米，宽 6.85 米，高 6.32 米，居各洞之首。这些藏兵洞在战时用以贮备军需物资和埋伏士兵。

聚宝门东、西两侧各筑有一条登城步道通到城墙之上，既可用于运送军需物资，也可供守城官兵策马直登城头。

聚宝门是用巨型条石和城砖砌成，虽经六百五十多年的风雨，仍然完好如初。20 世纪 80 年代以前，聚宝门常年废弃，处于无人问津的状态。1980 年正式开放后，在原国家旅游局，南京市文物管理委员会、园林局及秦淮区人民政府等单位的领导和规划下，采用边开放、边维修、边完善内部设施的办法，相继设立了中华门史料陈列室、盆景园等，完成了城堡四周居民和多家商店工厂的搬迁，以及大量积土乱石的清运平整工作，全面整修了二层朝北墙体，并着意绿化、美化环境。

1983 年，聚宝门以“中华古堡”的美称跻身新评“金陵新四十景”之列，沉寂经年的古城门重新焕发出夺目的光彩。1988 年，聚宝门以“中华门城堡”的名称被国务院列为全国重点文物保护单位。1995 年，结合中华路、雨花路改造，在聚宝门周围，建成了中华门广场，新增绿化面积近万平方米，架设了一批高杆照明宫灯和草坪灯。广场和镇淮东、西桥的建设，不仅改善了交通状况，而且美化了城门的外环境，使城门更显雄壮巍峨。城门与广场连为一体，相互衬托，相得益彰。自 2016 年南京城门挂春联后，每年的春节前夕都会举行城门挂春联活动。

挂上春联的中华门（王腾摄）

通济门

通济门位于南京城东南，处在今天南京城东干道龙蟠中路的南端。坐北朝南，城门外临护城河（今外秦淮河），河上有通济桥（后改名九龙桥）。

通济门之名，取自《易经·系辞传下》中所说的“刳木为舟，剡木为楫，舟楫之利，以济不通，致远以利天下”，故名“通济”。

通济门由三道瓮城、四道拱门组成，瓮城建在城内。主城门上建有城楼一座，主城门的东西两侧建有登城步道。它和聚宝门（今中华门）、三山门（今水西门）同属明朝南京城墙城门中规格最高的三座城门之一，也是明朝十三座城门中占地面积最广的一座城门。通济门平面造型与三山门相似，均为船形。这种船形造型可能与其临近东水关有关。

清代甘熙《白下琐言》记载：除了钟阜门、清凉门、金川门俱封闭外，“大城今通行者十门，而通济门第一道城阙内，左右各有瓮洞可容百余人，相传为屯军之所，盖通济与东水关近，防守较严，故其制与诸城特异”。

通济门的东北面是明朝南京城的皇宫所在地。清朝顺治二年五月初十日（1645 年 6 月 3 日）凌晨，南明小朝廷的弘光帝朱由崧在清军由镇江进逼南京城时，为避人耳目，与马士英等人自通济门出逃。当定国大将军、豫亲王多铎率领清军逼近南京正阳门时，南明王朝广昌伯刘良佐开门迎降。多铎命降将刘良佐带清兵追击弘光帝。众叛亲离的朱由崧和爱妃刚逃到芜湖，清军就已经追了

20 世纪 20 年代的通济门

通济门鸟瞰（1929 年摄）

过来，明军官兵眼看招架不住，便干脆冲上御舟，劫持了弘光帝，将其献给清军立功。五月二十五日（6 月 18 日），清军将他押回南京，特地从通济门入城。“弘光以无幔小轿入城，首蒙包头，身衣蓝布衣，以油扇掩面。太后及妃乘驴随后，夹路百姓唾骂，有投瓦砾者。”随即被多铎囚禁在银作坊西面的江宁县衙（九峰居士《南京纪略》）。一年以后，南明弘光帝朱由崧，与假太子王之明一起，在北京菜市口被斩首。通济门见证了南明王朝的衰亡。

康熙二十八年（1689）正月初八，康熙起驾离宫开始第二次南巡。船队沿京杭大运河航行，一路南下，抵绍兴后折回，由丹阳登陆，经过句容，再经南郊秣陵关，于二月二十八抵达江宁（今南京），由通济门入城。一进城门，“但见十里秦淮两岸，官民杂居，歌楼舞榭，商肆林立，彩坊绵延”。人们以“欢欣歌舞，华灯绣幕，盈蔽街衢”的节日盛景，恭迎康熙皇帝玄烨的驾临。为纪念这次南巡盛典，康熙皇帝亲自下诏，命画师以宏大的绘画叙事方法记载此行经过。为了便于他人更好地欣赏《康熙南巡图》，画家们还在整个画卷中标有不同地区的地名。譬如在第十卷中就依次标出皇帝路过的地名：“秣陵关、通济门、秦淮河、钞库街……”（《南巡画卷绘制始末》）

通济门虽是市井之地，但也留下了惊天地、泣鬼神的抗敌记忆。日军进犯南京时，中国守军在这里进行过殊死抵抗。1937 年 12 月 9 日，日军从南京东部、东南部和南部三个方向抵达南京城下。在攻击光华门失败后，日军遂转攻通济门。中国守军奋勇抵抗，致使日军再次遭受重创，当日攻城失败。日军战史《南京作战之真相·熊本第六师团战记》中写道：“在这里前进每一寸土地，夺取每一个土丘，都必须付出血的代价。”可见，在南京保卫战中，通济门也是中国守军抗击日军的见证地之一。

新中国成立后，通济门内人烟稠密，店铺众多。据刘有海《九龙桥边曾有游泳场》（《南京史志》2020年第2期）回忆："通济门有三道瓮城和一道主城，比中华门和水西门的城堡还要大。而且在城门里面还有民房和商店，这是在南京所有城门中所没有的，我印象深刻的有几家铁匠铺，门口摆放许多农具，如铁犁、锄头、铁镐、铁锹、镰刀、斧头，还有铁勺、铁锅、火钳等等。还有几家专门卖扇骨的店铺，扇骨就是没有扇面的扇子骨架，一般来说材质都是以竹子为主的，也有少量的檀香木扇骨、红木扇骨等。许多做扇子的店铺都要到此来批发扇骨回去加工成各种纸折扇。以前，南京是制作纸折扇的中心之一，通济门附近的扇骨营就是制作扇骨的集中地，故称此名。"

1958年，南京市文物保管委员会因通济门年久失修，危险程度日益严重，不仅严重阻碍交通，也影响工业的顺利发展，向上级部门建议拆除该城门，得到批准。1960—1963年，通济门被拆除。今天，不仅留有通济门地名，还留有瓮城遗迹。

通济门旁边的东水关又称通济门水关、上水关、水关洞，以五代上水门为基础拓建而成，其内侧设有三十三座瓮洞，分为三层（上面两层为藏兵洞），下层（中洞可通船）通水；兼具军事防御与水利功能，可以保持内秦淮河水位高度，并为内秦淮河补充新水源，保障水质。

正阳门

正阳门位于南京城东南，处在今天的御道街和护城河交会处北侧，今已无存。

在明朝十三座城门中，正阳门位于御道（洪武大街）的正南端，它与宫城的正南门午门、皇城的正南门洪武门处在同一条中轴线上，是当时作为京师的南京的“国门”，因临近北面的洪武门，所以历史上常常被误称为洪武门。

在中国传统文化中，南方称离，属火，是阳的象征。因该门处于御道正南端，故名正阳门。正阳门门向朝南，由内外两道瓮城、三道拱门组成。内、外瓮城均为长方形，主城门上有城楼。明代徐必达领修、施沛等协纂《南京都察院志》卷二一《职掌十四·城垣》记载，“城楼一座，城券一座，月城一座”。这种内外瓮城合璧的形制，不仅在南京明城墙中独一无二，在中国城墙建筑史上也是罕见的。

清朝顺治二年（1645）六月十六日，清军统帅多铎骑马从正阳门进入南京城，宣告南明弘光王朝覆灭。

1927年，国民政府定都南京，第二年，以南京城门“类多含封建帝王思想，或神秘观念，殊非革命时代所应存在”，最初南京特别市政府建议将正阳门改为洪武门，取意“纪念明太祖及太平天国之革命”，但未获得国民政府批准。最后将正阳门改名为光华门，“取光复中华之意”。1929年4月，南京特别市市长刘纪文亲自函请国民党和政府的要人书写城门匾额，随函还寄去匾额样纸一幅。光华门三字由监察院院长于右任书写。

民国时期，光华门外瓮城被拆除，只剩下内瓮城。

正阳门旧影

1937年2月，南京市工务局修建了全长2.33千米的中兴路（即御道街），北起中山东路，南迄光华门，其6米宽的混凝土路面，在南京市尚

属于创举。（南京市政府秘书处编印《十年来之南京》，1937 年 6 月 1 日）

1937 年 12 月，在日军进攻南京期间，光华门是中日双方争夺的焦点之一。光华门城墙遭到日军重炮轰炸，损毁严重。中国守军第八十七师、教导总队与日军步兵第三十六联队（联队长为胁坂次郎，故称胁坂部队）在光华门展开多次攻防战乃至肉搏战。12 月 13 日凌晨，城门失守，光华门成为日军攻入南京的首座城门。1939 年 1 月，伪维新政府行政院院长梁鸿志下令南京特别市政府工务局对被损毁的光华门城墙进行修复，日军当局以这里的城墙作为战迹，应予保留，而未予同意。因此，直到 1940 年 3 月汪精卫伪国民政

光华门（1937 年摄）

府成立之前，光华门一直保留着废墟状态。1942 年 11 月，汪伪政府重新修复了 1936 年 10 月竣工的光华门外的道路。1943 年 5 月，以“巩固城防，确保首都治安”名义，修复光华门和太平门城墙。

1949 年，新中国成立后，光华门依然存在。1958 年 1 月，有关部门以“改善交通，增进市容”的名义，将光华门拆除。

朝阳门

在明朝十三座城门中，朝阳门是南京城唯一的东大门。朝阳门为单孔券门，上有城楼一座。当时，它是连接明故宫和明孝陵两大禁区的通道，地位非同寻常。因门位于南京城东部，朝向东方，故名朝阳。

朝阳门（《骆博凯家书》，1888 年）

朝阳门月城（外瓮城）

1929 年 6 月 1 日，孙中山先生灵柩出中山门和月城
（《总理奉安实录》）

清朝同治四年（1865），在城门外护城河内的空地上增砌近似长方形的月城（即外瓮城）一座，月城门开在东北面。

1927 年 4 月，国民政府定都南京后，认为南京城门名称大多存在意识形态问题，不符合时代潮流，决定更改城门名称。1928 年夏天，改朝阳门为中山门。1929 年 4 月，南京特别市市长刘纪文亲自函请行政院院长谭延闿书写中山门匾额。

1929 年 5 月中山大道（今中山北路、中山路和中山东路）和陵园大道建成后，南京市工务局出于便利交通的需要，决定拆除月城，改建中山门。考虑到同时施工，工程量较大，于是决定先拆除中山门外的月城。1931 年 4—5 月，拆除中山门月城（又称中山门套城）。1931 年 7—10 月，为了迎接拟于 1931 年 10 月在南京东郊中央体育场举行的第五届全国运动会，南京市工务局奉国民政府令将中山门由一孔改建为三孔。

太平门

太平门位于南京城北，处在富贵山与覆舟山之间，外临玄武湖，门向朝北，为单孔券门，上有城门楼一座。它与玄武湖、九华山和钟山相毗邻，现已无存。

太平门外为明朝“三法司”——刑部、都察院和大理寺所在地，是审讯、关押、处决犯人之地，终年不得安宁。太平门取名可能与祈求天下太平有关。

明朝时期，在玄武湖中岛上设有贮藏全国户籍和赋役档案的黄册库。全国各地送至南京户部的黄册，均要经过太平门出城，在玄武湖边用船运送到玄武湖中岛上。与此同时，在观音门外长江边设有鲥鱼厂、冰窖，专供皇家使用，朝廷祭祀用的鲥鱼就是通过太平门运进南京城的。

1398 年，明太祖朱元璋去世后不久，燕王朱棣发动靖难之役。建文四年（1402），燕军攻入南京城，宫中火起，建文帝下落不明。一种说法是建文帝死于宫中；还有一种盛行的说法是建文帝逃走了。据《建文逊国记》《明史纪事本末·建文逊国篇》等书记载，宫墙有鬼门及水关，可以通人。建文四年（1402）夏六月，建文帝得知金川门失守，欲自杀。在众人劝说下，他最终从鬼门和水关逃出宫外，“乘舟至太平门”，然后远走高飞。

值得注意的是，在其他城门外，都有护城河环绕，唯独太平门外没有，所以太平门历来为兵家必争之地。

太平天国后期，清军选中太平门作为进攻天京城的突破口。经过双方多轮拉锯战，清军攻占太平军在太平门外修筑的重要防御工事天堡城和地堡城，彻底清除了进攻太平门的屏障。1864 年 7 月 19 日，清军炸开太平门东面“龙脖子”段城墙，攻入南京城。

清军从太平门攻入天京城后，忠王李秀成当天下午便从太平门败退城内，赴天王府接护幼天王洪天贵福暂避于清凉山。7 月 20 日凌晨，忠王李秀成带领太平军千余人假扮清军，护送幼天王由太平门缺口突围而出。至此，太平天国建都十一年零四个月的天京彻底沦入敌手。

1911 年 10 月，辛亥革命爆发。同年 11 月 8 日，新军第九镇统制徐绍桢率部在秣陵关起义，进攻雨花

太平门（沃尔特·博萨德 1931 年摄）

台失利后，退往镇江。11 月 22 日，江浙联军总司令徐绍桢指挥联军首先从太平门攻入南京。12 月 2 日，南京光复，为孙中山在南京建立中华民国临时政府奠定了基础。

1928 年，南京特别市政府拟将太平门更名为自由门，“取意革命意义在争自由，以表显本党精神，并示一入此门，即趋于自由正轨之意”。但是，并未获得国民政府的批准。

1957—1958 年，太平门被拆除。2014 年，为迎接南京青奥会，经上报国家文物局获批复后，南京市政府在旧址上复建三孔券门的太平门。

太平门今貌

后湖小门

后湖小门又称台城门，邻近今天的解放门，门向朝西，单孔券门，与明代京城十三座城门相比，该门显得矮小和狭窄。

后湖小门开辟于明代。明朝徐必达、施沛等人修纂《南京都察院志》卷二一《职掌十四》记载："太平门……东至朝阳门界，西至后湖小门界。"同书卷二四《职掌十七》记载："神策门，西至金川门界，东附后湖小门界……后湖小门止有房形，祖制砌塞不通行走，并无锁钥门扇。"自明朝开辟后，该门一直处于封闭状态，从未发挥过城门应有的作用。所以，到了清代，被民间称为台城门。清代人甚至认为该门是六朝建康台城（宫城）北门广莫门或东门万春门的旧迹。民国朱偰《金陵古迹名胜影集》中有此门照片，其说明文字为"台城下已塞之城门"，照片的注释写道："甘熙《白下琐言》，谓为万春门；陈文述《秣陵集》，指古北掖门，盖系建康旧迹。"沿袭了清朝人的观点。

上述说法将台城门认定为六朝刘宋时期台城东门——万春门，或六朝都城的北门——北掖门，都是错误的。因为近年来的考古发现已经证实，六朝台城（宫城）位置在今天总统府一带。这段城墙是明朝兴建的，

后湖小门今貌

与六朝无涉。

1929 年，玄武湖公园管理处主任常宗会呈请南京特别市政府，将这一封闭的城门重新开启，理由是：“查后湖大闸与鸡鸣寺仅一垣之隔，往往有来五洲公园者，于游湖之余，驻足于大闸间，仰望鸡鸣寺之胜而不可及；其游鸡鸣寺者，亦俯瞰湖光山色而不可得，因此兴嗟。”（《开启鸡鸣寺大闸间城门案》，《首都市政公报》

第 35 期，1929 年 5 月 15 日）但此后出于安全考虑，一直未开启。

1952 年，在开辟解放门的同时，南京市有关部门打开了长期封闭的后湖小门。如今，该门是进出玄武湖的重要通道之一。

外郭城门

外郭，又叫外城，俗称土城头。据《明太祖实录》记载：“洪武二十三年（1390）四月庚子，置京师外城门。”

建造外郭的目的，就是为了加强南京的军事防御。外郭环绕在京城周围，规模宏大，周长号称“一百八十里”，实际约为60千米。它是利用京城外围的天然岗垄建造而成，平面形状大致呈菱形。据明朝陈沂（1469—1538）《金陵古今图考·国朝都城图考》记载：“外郭西北据山带江，东南阻山控野……周一百八十里。”它将幕府山、雨花台、紫金山等重要山丘以及秦淮河、金川河、玄武湖、莫愁湖等重要水域甚至大片的农田全都囊括在内。外郭城墙在大多数地方都是依据自然山丘地形用土垒成，只有在具有标志意义的城门位置才用砖石垒砌，所以俗称土城、土城头。

据《洪武京城图志》记载，外郭最初辟有十六座

南京明外郭现状示意图（朱明娥《南京明外郭》）

城门：南有上方门、夹冈门、凤台门、大安德门、小安德门、大驯象门、小驯象门七门；东有姚坊门、仙鹤门、麒麟门、沧波门、高桥门五门；西有江东门一门；北有佛宁门、上元门、观音门三门。其中，小驯象门实际上并未开辟。明朝中晚期，又在北面、西面和南面，分别增辟了外金川门、石城关城门和双桥门，这样外郭的城门数量就增加到十八座。

明朝外郭十八门关，利用京城外围的天然冈垄建造而成，仅在城门位置，采用砖石砌筑，城门上普遍建有城门楼。

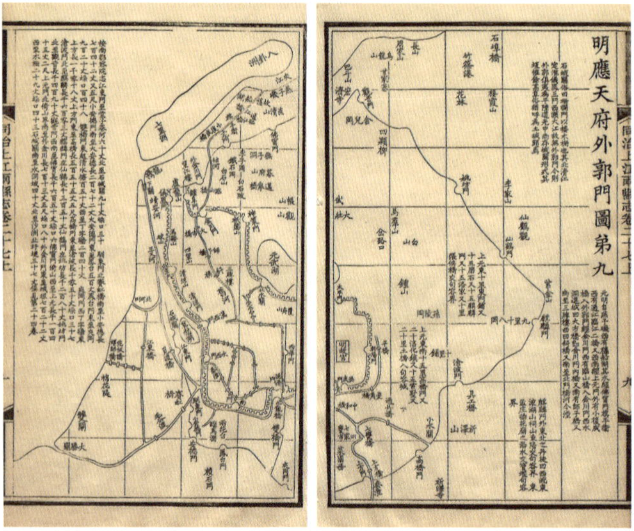

《同治上江两县志》卷二七上《明应天府外郭门图》

明朝时期，外郭十八门关由留守前卫和留守后卫分兵把守。其中江东、驯象、大安德、小安德、凤台、双桥、夹冈、上坊、高桥门并小水关、石城关十座外郭城门隶于留守前卫；沧波、麒麟、仙鹤、姚坊、观音、佛宁、上元、外金川门八座外郭城门隶于留守后卫。每一座外郭城门均由人数不等的官军把守。

现按逆时针方向，由西向东，对明朝外郭十八门关分别介绍如下。

石城关

石城关坐落在明外郭西面，南接水洞，北至圩埂。推测位于江东门侵华日军南京大屠杀遇难同胞纪念馆之北、凤凰西街与江东北路交界处。因与南京城墙石城门（位于今汉中门广场中间）遥相呼应，故名。又因其为水关，故又有栅栏门之称。今遗迹不存，名也消失。

明代马生龙《凤凰台记事》记载：“石城关边有清江楼、石城楼，三山门外有集贤楼，皆洪武间建，以聚四方宾客。”

江东门

江东门坐落在明外郭西面，位于侵华日军南京大屠杀遇难同胞纪念馆北侧、南京云锦研究所西侧，门牌号码是茶亭东街242号，民国时期为中央军人监狱，现为东部战区某部队驻地。北与石城关（又名栅栏门）相接，东南与驯象门遥遥相望。江东门建于洪武二十四年（1391），因长江芜湖至南京段呈南北流向，此门在长江的东岸，故名。或云三国时期孙吴踞江东，以“江东”二字得名。《南京都察院志》称“江东门”是“外廓首关，长江保障”。

此门已不存，门名仍沿用。如今，保留下来的地名有江东门社区、南京市江东门小学、江东门北街等。

驯象门

驯象门位于明外郭城垣西南端，约在今赛虹桥立交桥以北一带。建于洪武二十三年（1390）。西北与江东门隔河遥望，南与小安德门相接。因驯象街而得名。遗迹不存，名也消失。

明朝兵部尚书王以旂就出生在驯象门街。明朝时期，在驯象门内，有兵部尚书王以旂的住宅“太保第”和别墅“逸园”。

大安德门

大安德门，又称安德大门、安德门，位于外郭西南垣，北与安德小门相连，东与凤台门相接。建于洪武二十三年（1390），因附近的“安德乡”而得名。具体位置在雨花台区赛虹桥街道境内的江苏警官学院一带。此门已不存，门名仍沿用。

今天南京城东南保留有安德门、安德门大街、安德门广场、安德里等地名。

小安德门

小安德门，又称安德小门，位于外郭西南垣，北与驯象门相连，南与安德大门相接。门名因附近的“安德乡”而得名。建于洪武二十三年（1390）。如今遗迹不存，门也消失了。

小安德门专门为了运输烧制琉璃瓦的柴薪之便而增辟。在小安德门内，有明朝著名的琉璃窑，专门烧制明孝陵和皇宫所用琉璃瓦。大报恩寺的琉璃构件就是在这里烧制的。在小安德门外，有朱元璋敕建的华严寺和外鹫峰寺。

如今，安德门、安德里以及窑岗村、窑湾街等与小安德门相关地名保存下来。小安德门的位置应在窑岗村南，推测在今安德里一带。

凤台门

凤台门位于外郭南垣，西与安德大门相接，东与夹岗门相连。建于洪武二十三年（1390），因处于凤台乡境内而得名。在今雨花台区宁南街道花神庙村。今遗迹、门名均不存。今天的凤台南路与凤台门无关。

双桥门

双桥门位于凤台门与夹岗门之间一条南北向的丁字墙中间，将外郭一分为二。丁字墙北接通济门外清水塘，南与凤台门—夹岗门之间的城墙相接。建于洪武二十三年（1390），因明初在其附近建造的“双桥”而得名。此门今已不存，门名仍沿用。双桥门具体位置在雨花门外养虎巷东头的双桥里一带。

如今，相关的双桥门、双桥里、丁墙村、土城头等地名犹存。

夹岗门

夹岗门，又作夹冈门，位于外郭城垣南部，西接凤台门，东连上坊门。建于洪武二十三年（1390），因地处夹埕铺而得名。具体位置在红花街道夹岗村南，双龙大道（卡子门大街）东侧，南邻中国人民解放军陆军工程大学（原气象学院）。

1937 年，城门被难民拆毁。如今，有夹岗门、夹岗村地名保存下来。

上坊门

上坊门又称上方门。位于外郭东南垣。西南与夹岗门相接，东北与高桥门相连。建于洪武二十三年（1390），因上坊门内秦淮河上有上坊桥（今七桥瓮）而得名。遗迹不存，门也消失，但门名仍沿用。其位置在上坊桥东南的原上坊门自然村，门址东邻秦淮河和上坊桥。

上坊门一带保存的地名有上坊村、上坊门桥和马场等地名。

高桥门

高桥门位于外郭东南垣，西南与上坊门相连，东北与沧波门相接。位于中和桥路与双麒路交界处。建于洪武二十三年（1390），因门前原有高桥（皋桥），故名。此门已不存，门名仍沿用，桥仍然通车。

民国初期，高桥门“重关屹立，形势嵯峨”。

高桥门（1937 年摄，张定胜提供）

1953 年 4 月，因“高桥门城瓮裂损，行将倒塌”，“为免生事故”，南京市工务局派工将其拆除。

高桥门在历史上是通往南京的重要城门之一。进入高桥门，往东北行数里，就是七桥瓮。越过七桥瓮，再前行，经过中和桥，可以到达位于明朝御道尽头的正阳门。

在高桥门一带，高桥、高桥村、小水关等地名保存至今。

沧波门

沧波门位于外郭城垣东南部，西南接高桥门，东北连麒麟门。洪武二十三年（1390）建造。因地处水源充沛之地，钟山、青龙山、珠山等山水均汇于此地，故名沧波门；门外有街一条，称沧波门前街。清代讹称“菖蒲门”，民国时期称作“苍波门”“仓波门”。具体位置在今孝陵卫街道西南部，土城头路南侧，双拜岗路南段北侧。

沧波门毁于20世纪中叶。沧波门一带现在保存的地名有大门西、城头村、五百户村、三百户村、沧波门南街、沧波门北街等地名。

麒麟门

麒麟门，又作其林门，位于外郭城垣最东端，西南与沧波门相连，西北与仙鹤门相接。建于洪武二十三年（1390），因地处麒麟铺而得名。具体位置在今麒东、麒西等路交界处。此门今已不存，门名仍沿用。

永乐三年（1405）九月，胡广与同僚解缙、金幼孜受明成祖朱棣派遣，赴阳山考察孝陵碑材的开采情况。游毕，胡广写下《游阳山记》。据该文记载，三位大臣途经麒麟门时，见到门额上有“中书舍人詹孟举所书‘麒麟门’三字”。这是南京四重城垣的城门中唯一留有题名者的城门。麒麟门同时还是明朝外郭十八门中唯一带有外瓮城的城门。据《南京都察院志》

记载，麒麟门有“月墙一道”。

如今，麒麟门村、麒麟铺等地名犹存。

仙鹤门

仙鹤门位于外郭东北垣，东南接麒麟门，西北连姚坊门。建于洪武二十三年（1390），因汉代在此地附近建有仙鹤观，故名。城门旧址推测坐落在文枢西路与土城头路（燕西线）交界处附近。此门今已不存，门名仍沿用。

今天，在仙鹤门一带，尚保存有仙鹤门社区、仙鹤门村、土城头路、门坡等地名。

姚坊门

姚坊门又称姚方门、姚芳门、尧化门、猺化门，位于外郭城垣东北端，东南接仙鹤门，西北连观音门。门址在原尧化镇尧化村。建于洪武二十三年（1390），因姚方山而得名。此门今已不存，门名仍沿用。2011年5—9月，南京市博物馆对尧化门老街附近进行了考古发掘，发掘点西南角地理坐标为北纬32度06分43.25秒，东经118度52分12.57秒，共发现明代夯土墙基三道，考古人员认为其应属于明代南京外郭城姚坊门遗址的重要组成部分。

如今，尧化门、尧化村、土城头路、门里村等地名犹存。

观音门

观音门位于观音山（即幕府山）上，门址在原燕子矶中学东校区前。它处在外郭城垣最北端，是明朝外郭最北边的一座城门。它北面俯瞰燕子矶，西南接佛宁门，东南连姚坊门。建于洪武二十三年（1390），因洪武初年在幕府山修建观音阁而得名。观音山又因观音门而得名。

观音门

此门已不存，门名仍沿用。2013 年，相关部门在观音门遗址附近重建该城门。观音门是明代外郭十八门关中，唯一留有多张图片资料的城门。

由于观音门外有

著名的燕子矶、幕府山、观音阁和沿山十二洞等景观，因此观音门成为游客必经之地。但是，观音门建在高坡上，阻碍了往来车辆直达燕子矶。民国前期，只有雇驴或乘黄包车或步行才能通过此门。民国后期，为了改善交通状况，拓宽和燕路，遂将城门拆除。

现在燕子矶中学东北门前，仍遗留有“门坡”地名，可以作为观音门存在的旁证。

佛宁门

佛宁门坐落在燕子矶西幕府山下，位于外郭西北端，东北接观音门，西南连上元门。建于洪武二十三年（1390），相传梁武帝时期，达摩禅师曾经过此地“一苇渡江”，故称“佛宁门”。民国时期，讹称“福宁门”。如今，讹称“福灵门”。

1983年南京市文物普查时，在佛宁门遗址上发现有门址基石及明代城墙砖散落在四周。佛宁门如今已经荡然无存。根据实地调查，并结合文献记载，推测佛宁门门址位于原永济大道石师渡渡二生产队。

上元门

上元门位于外郭西北垣，东北接佛宁门，西南连外金川门，位于幕府山西麓长江边。建于洪武二十三年（1390），因南京别名上元，故名。如今，上元门已不存，但门名仍在使用。上元门门址位于今中央北路与老虎山、幕府山交界处的上元里 83 号建筑物与南京向阳养老院之间。

与此门相关的地名有上元里等。

外金川门

外金川门位于外郭城垣西北端，东北接上元门，西南临近狮子山东边的护城河。建于洪武二十三年（1390），因与京城城门金川门南北相对，故名。其位置在今天的城河南路、城河北路与郑和北路之间。

外金川门的城门有三个门洞，这在明朝外郭城门中是一个特例（明朝外郭城门一般都只有一个门洞）。中间一个门洞是明成祖当年发动靖难之役时所经过的，所以一直关闭着，只有左右两个门洞开放。《南京都察院志》称："门券三座，中间系成祖经由，至今不敢擅开。"

外金川门和观音门、佛宁门，因与长江对面的浦子口城相对，明朝时，便将此三门划归浦子口守御遥控。

如今，遗留下来的相关地名有水关桥、栅栏门等。

时至今日，外郭城门无一保存下来，但在麒麟门至仙鹤门等地还可以依稀看到当年的城垣遗迹——土城头。外郭的城门名称更是被普遍地作为地名，使用至今。

清代城门

1644年，清军攻入北京城，明朝灭亡。次年，豫亲王多铎率军由正阳门进入南京城，南明福王小朝廷覆亡。在朝代更迭中，南京被降格为江南省，应天府被降格为江宁府，政治地位急剧下降，但南京城并未遭受战火破坏，社会秩序很快恢复正常。清代早中期两百余年间的南京，尽管遭到清廷地刻意抑制，但仍然是江南的政治、经济、军事和文化中心，地位仅次于北京。清朝时期，先后封塞了偏僻的钟阜门、定淮门、清凉门，但出于交通的需要，又重开金川门。与此同时，为了便于居民出行和游客观光，在原来十三座城门的基础上，又开辟了草场门、小北门、丰润门三座城门，如今这三座城门均消失在历史的长河中。

草场门

草场门又称操场门，位于定淮、清凉两门之间，门向朝西，西临外秦淮河码头。据说因门外为牧马草场，即存放马饲料的草场而得名。

据《正德江宁县志》卷四《仓场》记载："储积与牧，在古皆称重事。"古代的牧马草场相当于今天的加油站。

草场门开辟于清光绪三十四年（1908）。1953年，南京市市长要求打通草场门。相关部门在调查中发现，草场门拱券存在安全隐患，遂于1954年将草场门拆除。如今，只留下草场门大街地名。

小北门

小北门位于南京城北钟阜桥西侧，处在神策门（今和平门）与金川门之间，门向朝北。

该城门开辟时间不晚于清朝同治年间（1862—1874），又称"四扇北门""四扇便门""钟阜门"。1874年编纂的《同治上江两县志》卷五《城坊考·右西北第二十六甲》称此门作"四扇北门"。1898年，法国传教士路易斯·盖拉蒂绘制的《江宁府城图》和清末绘制的《金陵省城古迹全图》均标注此门为"四扇便门"。1903年的《陆师学堂新测金陵省城全图》、

《陆师学堂新测金陵省城全图》（1903 年绘制）

1910 年日本人绘制的《南京全图》，将此门讹称为“钟阜门”。1927 年《最新南京全图》、1928 年《最新首都城市全图》、1933 年《新测南京城市详图》上均标注为“小北门”。1937 年《新南京地图》、1946 年《南京全图》、1948 年《南京市街道详图》则在城内外分别标注了“小北门”和“钟阜门”。

从《金陵省城古迹全图》来看，该城门为单孔券门，上有城门楼。1956—1957 年，在拆除中央门至金川门段城墙时，小北门被拆除。

丰润门

丰润门位于神策门（和平门）与解放门之间，坐东朝西，单孔券门，是通往玄武湖的交通要道。

清宣统元年（1909），两江总督兼南洋通商大臣张人骏奉旨举办“南洋劝业会”，为便于中外宾客游览玄武湖，于是在临近会场的明城墙上开辟了这座城门。因张人骏为丰润（今河北省唐山市丰

两江总督张人骏(《观会指南》，1910 年)

丰润门旧影

润区）人，故名丰润门。丰润门与南洋劝业会的东西向主干道丰润路相连，与南洋劝业会会场的中心建筑公议厅遥遥相望。

民国城门

1912 年，中华民国临时政府成立后，尤其是 1927 年国民政府定都南京后，南京城市人口急剧增长，为了使城内外交通便利，促进经济的发展，又陆续开辟了海陵门、挹江门、中山门、中央门、玄武门、武定门、新民门、汉中门、中华东门 · 中华西门、雨花门和新开门十二座城门。

民国文人倪锡英在《南京》（中华书局 1936 年版）一书中惊叹："普通的城墙，都只有东南西北四个城门，就是较大一点的，也只有八个或十二个城门。而南京除掉水关不计外，还实实足足有十八个城门。这十八个城门的名字是：（1）和平门（旧名神策门）（2）玄武门（3）太平门（4）中山门（旧名朝阳门）（5）光华门（旧名洪武门）（6）通济门（7）武定门（8）中华门（旧名聚宝门）（9）水西门（10）汉西门（11）清凉门（已堵塞不通）（12）草场门（13）定淮门（14）

挹江门（15）兴中门（旧名仪凤门）（16）小东门（17）金川门（18）钟阜门。”其实，当时南京的城门远远超过十八座。

时至今日，南京的民国城门保存下来的有挹江门、中山门、玄武门、新民门、汉中门、中华东门·中华西门、新开门八座。

海陵门

海陵门位于仪凤门（今兴中门）与定淮门之间。它是南京城区通往下关车站、浦口车站、中山码头的交通要道。

明朝时期，南京城内与下关江边的交通主要通过金川门和仪凤门。随着1899年南京开埠成为对外通商口岸，以及1908年沪宁铁路（上海至南京）、1909年宁省铁路（南京市内小火车）和1911年津浦铁路（天津至浦口）的相继全线开通，下关地区成为交通枢纽和商业中心，人烟辐辏，商旅云集，原有的通往下关的金川门和仪凤门已经难以适应形势发展的需要。

为开辟新的街市，繁荣下关码头岸线。1914年，在南京下关商务局帮办金鼎昌的倡议下，时任江苏省民政长（相当于现在的江苏省省长）的韩国钧（1857—

海陵门（1920 年摄）

1942）于当年选择在仪凤门以南与定淮门之间原来市民挖开的一个门洞（俗称土城门）的基础上，新开城门一座，门向朝西，为单孔券门。因韩国钧是江苏泰州人，而泰州古名海陵，所以仿照清末两江总督、丰润（今天津市）人张人骏建造的城门取名丰润门的先例，取名海陵门。据方继之《新都游览指南》（上海大东书局 1929 年 5 月版）记载："海陵系泰县古名，此门开于韩国钧长苏时，盖韩系泰县籍，因韩而命名海陵也。现改为挹江门。"海陵门于 1915 年 3 月竣工。

海陵门的开辟，对南京下关街市的形成和发展起到了重要作用。1927 年，国民政府定都南京，次年，将海陵门改名挹江门。

挹江门

1927年，国民政府以南京城门大多含有封建帝王思想和神秘观念，决定更改城门名称。海陵门因含有个人崇拜色彩在其中，据1928年6月15日出版的《南京特别市市政公报》第14、15期合刊《市政消息·首都城门名称改定》记载，将海陵门改名挹江门，因“该门一面临江”，故名。

1928年9月，为迎接孙中山先生灵柩奉安中山陵，建造中山大道，将海陵门由一孔扩建为三孔。据张其昀《南京之地理环境》记载：“招工拆卸海陵门城垣四十五公尺（因中山大道宽四十公尺），并修饰两旁

挹江门旧影

缺陷毁之处，所用工费约一千五百元。”

1929 年 4 月，南京特别市市长刘纪文亲自函请考试院院长戴季陶书写该城门匾额。

1929 年 5 月 28 日，孙中山先生的灵榇从北京西山碧云寺转乘津浦铁路火车到达南京浦口火车站，然后由浦口换乘轮船过江，再从中山码头沿着中山北路，经过挹江门进入南京城，在湖南路中央党部大礼堂讲坛上停灵三天举行公祭，6 月 1 日奉安紫金山中山陵。

1930 年，南京市政府拟建筑挹江门城楼，重檐大屋顶式的设计方案得到首都建设委员会的认可。1931 年夏秋之际，建成挹江门城楼，同年 10 月建成挹江门外广场。该广场长 200 米，宽 60 米，衬托出挹江门的高大巍峨。

民国时期，挹江门是从下关入城的重要通道，设有关卡检查来往行人和车辆。挹江门的中间一门通常是封闭的，留着左右两门以供出入。

1937 年 12 月，在南京保卫战期间，为表示“与南京城共存亡”的决心，南京卫戍司令长官唐生智命令堵塞挹江门，仅留一个小孔供人出入。到了 12 月 12 日，南京城沦陷前夕，大批军人和平民想由此逃离南京城，但这里却成了瓶颈。据当时首都卫戍司令长官部科长谭道平编述的《南京卫戍战史话》（东南文化事业出版社 1946 年 5 月版）记载：12 月 12 日夜里，离开铁道部首都卫戍司令长官部办公室后，“我们想从挹江门出城，可是走到挹江门，看见两边却布满着铁丝网，中间仅留有一条小径，三十六师的弟兄们，举着步枪，做着瞄准的姿态，禁阻任何人的进出，八十七师、八十八师和其他部队退下来的官兵正向他们吵闹着，中间还夹杂着一片老百姓的哭叫的声音，四处断断续续的零乱的枪声。紫金山上火光冲天，后面的难民们扶老携幼还在络绎不绝地过来”。

12 月 13 日，日军从城内攻到挹江门下，挹江门

挹江门今貌

被炮火打得千疮百孔，城门楼被焚毁，那些未来得及逃跑的中国军民大多死于日军枪口之下，城门前到处是成堆的尸体。

1946年5月5日，国民政府还都南京后，曾经一度将中山北路改为凯旋路，挹江门改为凯旋门，以庆祝抗战胜利。同时，将门楼修葺一新，上悬“巩固和平”四字。但很快又恢复挹江门原名。

1949年4月，中国人民解放军主力部队渡过长江天堑，由挹江门进入南京城，受到南京市民的热烈欢迎。

挹江门现已成为南京主城区的西北大门。

中山门

中山门的前身是朝阳门，是民国时期南京城唯一的东大门。

1912年1月1日，孙中山在南京就任中华民国临时大总统，同年4月1日离任。在任期间，孙中山于3月10日与总统府侍从队长郭汉章、秘书长胡汉民等人骑马从朝阳门出城，到紫金山打猎，首次说出了去世后归葬紫金山的愿望。1925年3月12日，孙中山在北京逝世，遵其遗嘱，总理葬事筹委会选定紫金山中茅山南坡为墓址，这就是今天的中山陵。

1927年4月，国民政府定都南京后，决定更改城门名称。1928年夏天，改朝阳门为中山门。将朝阳门改成中山门的理由是："朝阳二字，系帝制时代口吻，且此门直达总理陵墓，冠以中山二字，经过之人见之，可以唤起其景仰总理之心也。" 1929年4月，南京特别市市长刘纪文亲自函请国民政府行政院院长谭延闿书写此门匾额。

1928年8月，为了迎接孙中山先生灵榇从暂厝地北京香山碧云寺安葬于南京中山陵的需要，由下关江边至中山门全长12千米的中山大道破土动工。1929年5月中山大道全线竣工。1929年6月1日，孙中山先生灵柩经过中山门奉安中山陵时，沿途瞻仰送殡的民众达五十万人，送灵队伍长达五六里，可谓盛况空前。当时朝阳门虽然已经改名中山门，但仍然是单孔门洞，中山门外的月城（又称外瓮城）仍然完好无缺。中山门见证了奉安大典的宏大场面。

1931年7月，为了迎接定于1931年10月在南京东郊中央体育场举行的第五届全国运动会，国民政府决定改建中山门。《首都市政公报》记载："魏市长前奉国府蒋主席谕，以中山门城门狭小，有碍交通，且第二次（笔者按：应为第五次）全国运动会会场，即在城外，将来开会时，中外人士，来京参观者，势必甚多，为便利交通及壮观瞻计，自应迅速改建，当经令饬工务局积极计划，并由裕庆公司承包，现已兴工，大约一个月即可完成云。”由此可见，改建中山门的原因是“为便利交通及壮观瞻计”，当时国民政府主席蒋介石亲自指示南京市市长魏道明来抓这项工程。由于裕庆公司承包了修筑中山门外马路及拆除月城的工程，中山门改建工程实际上是由中兴营造公司承建的。

由于时间紧迫，南京市工务局要求工程队分为三班，夜以继日，不间断工作，确保工程按时完工。开辟中山门的预算费用为 7 万元，开工时间是 7 月 1 日，

20 世纪 30 年代的中山门

竣工时间的最后期限是 10 月 5 日。

改建后的中山门，中间拱券门宽 10 米，高 10.5 米；两侧拱券门宽 8 米，高 9.5 米；三个门之间的两个门墩各厚 3 米；城门进深 15 米；三孔城门南北两侧各有一耳室，宽 5 米。在城门南、北的内侧，各有一个登城步道。

第五届全国运动会原计划于 1931 年 10 月举行，因 1931 年的“九一八”事变和江淮流域夏季特大水灾，以及 1932 年“一·二八”事变，所以一直推迟到 1933 年 10 月才在南京中央体育场举行。尽管如此，中山门却因此而得以改建。

1937 年 12 月，日军进攻南京城时，中山门遭到日军猛烈的炮轰，损毁严重。12 月 13 日，南京沦陷。12 月 17 日下午，不可一世的日本侵略者竟然利用这座城门作为“入城式”的起点，将国民政府作为终点，侵华日军华中方面军总司令松井石根、上海派遣军司令朝香宫鸠彦等日酋耀武扬威，骑着高头大马进入南京城。一对对日军排列在中山东路两侧，中山门见证了这一段屈辱的历史。

抗战胜利后，松井石根因其在南京犯下的大屠杀罪行，被设在日本东京的远东国际军事法庭处以绞刑。这是此时的松井石根所没有预料到的。

中山门今貌

1938 年 3 月，汉奸梁鸿志在日本人的授意下，在南京成立“中华民国维新政府”。1939 年 1 月，伪维新政府行政院院长梁鸿志下令南京特别市政府工务局对被炸塌的中山门、汉西门和光华门等处城墙进行修复。1943 年 9 月，由汪精卫题写“中山门”匾额，替换了原谭延闿题写的匾额。

新中国成立后，有关部门对中山门进行了多次修缮。如今，在朝阳门旧址上改建的中山门和中山门隧道已成为南京主城区东部的交通要道。

中央门

中央门位于神策门（今和平门）西侧。

1930 年，国民政府开始规划建设正南北方向的子午路（即中央路）。至 1934 年 6 月，南京市工务局才完成正南北方向的中央路（原子午路的北段）的建设。该路全长 3.8 千米，南起鼓楼与中山北路相接处，北穿南京城墙，达京沪铁路和平门站，与和燕路衔接。该路穿过城墙开辟一门，极大地便利了南京城北的交通。因该路由中央政府出资修建，故名中央路，该门也因此取名中央门。中央门开辟时间约在 1933—1934 年间。

中央门门向朝北，为单孔券门。内外造型完全相同，皆为青砖砌筑，清水墙，拱门上方镶嵌石质匾额，镌刻楷书“中央门”三字。

中央门（20 世纪 50 年代摄）

1957 年，为拓宽中央路，改善城乡之间的交通，中央门被拆除。

玄武门

玄武门位于神策门（今和平门）与解放门之间的丰润门旧址上，门向朝东，为三孔券门，是民国时期通往玄武湖的交通要道。

1928 年 6 月，国民政府在对南京城门更名的过程中，丰润门也在其列。原因是清朝最后一任两江总督张人骏，是直隶丰润人，因此将此门定名丰润门。南京特别市政府认为此名有溜须拍马之嫌，最初方案是将丰润门改为桃源门，“因丰润门外即为玄武湖，该

玄武门鸟瞰（《金陵古迹名胜影集》）

玄武门今貌

湖地位实具世外桃源之观，故拟将玄武湖改为新桃源，其与之毗邻之丰润门亦应改为桃源门”。后来上报国民政府，改名为玄武门，取意“玄武湖泽被民生，玄武门名副其实”。

1929 年 4 月，南京特别市市长刘纪文亲自函请司法院院长蔡元培书写玄武门匾额。

1934 年 9—11 月，南京市工务局在丰润门旧址上对城门进行改建，将原来的单孔券门改建为中间一孔大、两侧两孔小的三孔券门，并在城门上兴建了重檐歇山顶的城门楼。

玄武门现已成为玄武湖的西大门，也是出入玄武湖公园的主要通道之一。

武定门

武定门位于通济门与雨花门之间。门向朝东，紧邻外秦淮河。

清末至民国时期，武定门内有正觉寺，是南京大屠杀惨案的发生地之一；武定门外秦淮河东岸有1882—1884年兴建的洋火药局，该火药局于1908年并入金陵机器制造局。

早在清朝末年，江宁布政使李有棻（1842—1907）因南门人烟稠密，行人与车辆、货物拥挤不堪，就有开辟武定门的倡议，并得到李鸿章的同意，后因李有棻离任未能实施。

1912年民国建立后，南京绅民屡有开辟武定门的建议。据《申报》1920年4月10日《南京快信》记载：“宁绅呈请官厅开辟武定门，以利交通。”因受时局影响，此议没有结果。

1927年，国民政府定都南京后，南京特别市首任市长刘纪文因中华门行旅辐辏，人烟稠密，为方便城南居民取水和出行，决定在武定桥以东的城墙上特辟一城门。因此门在“十里秦淮”上的武定桥之东，故命名武定门。

1928年8月，南京特别市工务局局长陈扬杰主持开辟武定门，承包商是顾长记，“开洞砌门”的经费预算是 835 元；建筑城门口自小石桥至河对岸一段马路的预算费用为 5286 元，合计预算费用是 6121 元。1928 年 10 月 1 日，《申报 · 首都市政周刊》刊出南京开辟武定门的消息：“南京市内水流污浊，有碍卫生，现特拆除正觉寺旁城墙，另辟一门，以便城内市民汲取外河之水，以利民食。”1928 年 10 月 16 日的《申报》报道：“城东武定门，开辟将近完工。此门靠近外河，附近居民饮料可以无缺。”

在实际运作工程中，承包商拆除了正觉寺城墙和武定门城墙，实际支付费用是 3092.25 元。“原拟计划

拆除后的武定门（1958 年摄）

武定门今貌（王腾摄）

系开洞砌门，而现在系将城墙全部拆卸成一大缺口，工程不同，费用自不免超越原预算两倍以上。” 1928 年 10 月，当城墙缺口打开后，因经费短缺，城门并未兴建，与城门相连的道路和桥梁也未施工。

1933 年 5 月 5 日，因首都南京战备需要，《国民政府军事委员会公函》“战字第 1911 号”提出新民门、武定门、汉中门，“该三处添建城门，原系市府计划，拆毁已久，延未修筑，对于防务自极甚虑。该市府急切无款兴修，亦属实情。……急应赶筑，自属刻不容缓之图”。同年 6 月 1 日上午，武定门与新民门同时在行政院大礼堂当众开标建设，至 1934 年夏建成。

武定门建成后，东面的外秦淮河上很长一段时间都未建桥梁（直到 1958 年才建红旗桥），由此门进出南京城都需要乘摆渡船。所以，此门在沟通城内外交通上发挥的作用十分有限。

新中国成立初期，武定门时封时启。1955—1958 年，武定门被拆除，形成一个巨大的豁口。2007 年，在原址上增建三孔券门。

新民门

新民门位于明代金川门与钟阜门（民国时期称为小东门）之间，临近金川河畔。门向朝东，单孔，矩形门洞，砖混结构，外表用水泥粉刷，为留存下来的民国风格城门的代表作。

1930 年 5 月，魏道明在担任南京市市长期间，南京市政会议通过代理工务局局长赵志游的提案："在金川门小东门间开辟城门，以便迁移棚户，并请照拨公款二千五百元。"此后一面进行工程设计，一面提请首都建设委员会批准实行。但在城墙打开缺口后，因资金不足，城门未建。

1933 年 5 月 5 日，国民政府军事委员会发布"战字第1911号”令，从首都南京的交通和战备需要出发，要求立即兴建新民门。当年的6月1日新民门与武定门一起，在国民政府行政院大礼堂当众开标。费用来源于铁路客运加价的收入，于1934年夏竣工。

新民门为单孔，门额略呈拱形，正中位置有“新

新民门内侧（1956年摄）

新民门内侧今貌

民门”三字，右读，隶书。朝外一侧，左右各有一个装饰着四凹槽的门柱，与两侧城墙相连；在“新民门”三字左右几乎平行的位置，各有若干个方形的孔洞。朝内一侧，在“新民门”三字左右几乎平行的位置，各有七个方形的孔洞，可用于观察和射击。此外，大门内侧左右两边门墩位置皆有门房。

1962 年 12 月，相关部门拟拆除钟阜门和新民门，因新民门系钢筋混凝土结构，本身没有倒塌的危险而幸存下来。如今，该城门上隶书“新民门”三字仍依稀可见。

汉中门

汉中门位于明代清凉门与石城门（旱西门，又名汉西门）之间，在石城门北约 30 米处，建于 1934 年，因位于汉中路最西端，故名汉中门。

汉中路东起新街口，西达汉中门，长 1661 米，1933 年 1 月竣工。而汉中门因资金不足，未能同时建设。南京市政府根据 1933 年 5 月 5 日国民政府军事委员会发布“战字第 1911 号”令，以首都防卫和交通的名义，要求立即兴建该城门。当年该城门兴建，次年建成。建设费用来源于铁路客运加价的收入。

汉中门门向朝西，为单孔长方形城门。门额呈拱形，门额正中有“汉中门”三字，右读，隶书。朝外的一侧，左右各有一个装饰着四个凹槽的门柱，与两侧城墙相连；在“汉中门”三字下方，共有九个方形的孔洞，大小与城墙上的射击孔相仿。朝内的一侧，在“汉中门”三字下方，共有十七个方形的孔洞。另外，引人注目的是，在大门内侧左右两边的门墩（内部是门房）的墙壁上，分别装饰有四朵当时的国花——梅花。

当时，出汉中门，可达江东门国民党中央广播无线电台、北河口自来水厂，以及西郊上新河镇。

汉中门（20世纪50年代摄）

在侵华日军南京大屠杀期间，汉中门外成为日军集体屠杀我国同胞的刑场。

20 世纪 60 年代，拆除汉中门城门上部，两侧立柱未拆。20 世纪 70 年代，开辟城西干道（虎踞路）时，拆除两侧立柱及残存城墙。1986 年，为连接汉中路与城西干道，将城门的墙根彻底清除。

中华东门 · 中华西门

1927 年国民政府定都南京后，随着南京城市人口急剧增长，交通日趋繁荣，中华门面临的交通压力尤大。1929 年 11 月 12 日的《申报》写道："现在中华门一带，街道狭窄，交通不便，往往货物入城，拥挤至一二小时不得通过。各项货物，因为运输的困难，价格也就增高。而且首都人口日繁，这种不便的交通，何能供求相应。"显然，仅有一个通道的中华门难以适应现代城市发展的需求。为缓解中华门交通拥挤的压力，南京特别市政府采取了多种措施。

1928 年，南京特别市政府计划在距中华门约一里处开辟武定门，以减轻中华门的交通压力，但直到 1934 年武定门才建成，更为遗憾的是，当时武定门外的秦淮河上没有桥梁，所以根本无法起到减轻中华门交通压力的作用。

1929年冬，开始修筑纵贯南京城南北的子午线路，国民政府拟在中华门东约二三百步处兴工开建子午门。后因南段道路路身没有修建，加上子午线路终点也有变更，所以子午门开辟之事也就不了了之。

1929年10月，首都建设委员会致函南京特别市政府，提出在中华门两旁开洞计划的议案，这个议案可以看作是开辟中华东门和中华西门的源头。

1930年10月3日，国民政府第九十六次国务会议修订通过《首都干路定名图》，明确提出保留中华

中华东门、中华西门鸟瞰
（《金陵古迹名胜影集》）

门瓮城，在瓮城的四周环以道路，开辟城门两座。南京市政府饬令工务局进行可行性研究。

在增辟中华门东西门洞的过程中，曾经发生过这样一个插曲。1930年3月19日，首都警察厅致函南京特别市政府，提出利用中华门自身的藏兵洞，在左右各辟一门的方案："使原有各城洞重辟其二，成为三门，左供车货进城，右供行人进城，其中专供出城大道，庶秩序不紊，交通无阻。"提出此方案的人，因对中华门本身结构不甚了解，其方案难以操作，遭到南京特别市政府的否定。此方案尽管无法落实，但是对于中华门东西两个门洞的增辟，却起到了一定的推

中华东门（1946年摄）

中华西门（1946年摄）

动作用。

1933 年，南京市工务局在中华门东、西两侧增辟城门各一座，分别命名为中华东门和中华西门，从而缓解了这里的交通压力，保护了聚宝门，使其免遭被拆除的厄运。对此，1933 年 4 月 8 日的天津《益世报》报道："首都市政府因中华门内外人烟稠密，进出人数较别门尤多，特将中华门两旁添置两耳门，以便行人往来，一名'中华东门'，为进口；一名'中华西门'，为出口，总门则供车马出入。鸠工兴筑半载，现已完成，此亦今岁清明之新点缀也。"

1954 年，由于中华东门和中华西门的墙体长期遭

中华门与中华东门今貌

水渗透，出现裂缝和鼓胀，随时都有倒塌的危险，南京市政府报经江苏省委批准后，于 1955 年拆除中华东门和中华西门。

2007 年，南京市有关部门复建中华东门和中华西门。新复建的城门外立面，由仿城砖的石料建成，城门拱券的顶部使用部分旧城砖，中华东门和中华西门的高度与中华门瓮城顶部持平。中华东门和中华西门皆为青砖砌筑，清水墙，拱门上方镶嵌石质匾额，镌刻楷书“中华东门”“中华西门”字样。

雨花门

雨花门位于南京城南，处在武定门和中华门之间，江宁路南北向穿过城门。雨花门门向朝南，为单孔券门，因临近雨花台而得名。

清朝光绪三十三年九月（1907 年 10 月），时任两江总督的端方以南京下关为沪宁铁路首站，行旅辐辏，商货络绎，下关距离城区路途遥远，交通殊为不便，而上奏清政府，请求修建南京市内铁路，获得批准。当年十月（11 月 24 日）举行开工典礼，1908 年 12 月建成，全长 8 英里半（12.88 千米），宣统元年正月（1909 年 1 月）全线通车，取名为“宁省铁路”。1912 年，

雨花门与小铁路（20 世纪 50 年代初摄）

中华民国临时政府成立后，“宁省铁路”更名为“江宁铁路”。1927 年，南京国民政府成立后，“江宁铁路”划归南京特别市市政府管理，更名为“京市铁路”。

1935 年，江南铁路从芜湖通车到南京中华门附近的五贵桥。为了方便旅客直接与江南铁路对接，南京市政府向中国银行、交通银行等十二家银行借款 32 万元，将“京市铁路”向南延伸 3.8 千米，经八府塘、建康路、淮清桥、白鹭洲、武定门、石观音庙，从新辟的雨花门出城，在养虎巷口与江南铁路接轨，于 1936 年 12 月完工。

雨花门今貌

1937年12月南京保卫战期间，小火车停运，被封堵的雨花门遭到日军炮火的部分损毁。

南京沦陷期间，日本华中铁道株式会社南京分社将“京市铁路”与江南铁路合并经营，称为“南宁线”。由于日军对铁路只顾占用，不事修缮，所以铁路损坏严重。

抗战胜利后，南京市政府接管了这条铁路，仍称“京市铁路”。因无力维修，路况恶化，列车连续发生出轨颠覆事故，经营入不敷出。

1949年南京解放后，该铁路改称“宁市线”，隶属上海铁路局南京分局管辖。有关部门对铁路进行了维修整治。由于该铁路纵贯全城南北，经过的市区道口达三十处之多，直接影响到南京市的交通安全和环境建设。1958 年 11 月 28 日，经铁道部批准修建的由尧化门到中华门的沪宁、宁芜铁路连接线建成通车后，随之拆除了在南京市内运行达五十年之久的小铁路。1959 年底，为便利交通，雨花门及东西两侧城墙也先后被拆除。

2009 年，南京市政府利用老城砖修缮雨花门段城墙，复建雨花门。复建后的雨花门为三孔券门，中门为机动车道，两边侧门为非机动车道和人行道。

新开门

新开门位于太平门与中山门之间的琵琶湖旁。该城门东向，单孔券门，比较矮小。

1934 年 8 月 15 日，国民政府军事委员会发布战字第 3652 号令，提出在雨花台、天堡城构筑工事。8 月 21 日，参谋本部致电军事委员会，提出了折中化的建议。同日，军事委员会根据参谋本部的建议，指出："复查天堡城位置冲要，其与城毗连情形较之雨台尤为密接，若一旦太平门关闭，则与城内交通断绝，对增援补给均属困难，即有陷于孤立之虞。……并于香林寺东北之城墙上开设涵洞式之城门，以利与城内之交通。”随后，国民政府军事委员会开始在陵园范围内构成掩体和工事，包括开辟琵琶湖旁边的涵洞式城门。

1937 年，在日军进攻南京前，教导总队的主力驻扎在小营，担任光华门、中山门至太平门及天堡城之守备。南京卫戍司令部下辖的教导总队装备精良，战斗力较强，素有“蒋介石的铁卫队”之誉。总队长桂永清，副总队长周振强，参谋长邱清泉。总队指挥部

新开门今貌

设在富贵山的地下室内。

据时任中国教导总队一旅二团二营十三连的代理连长严开运回忆：“总队指挥部的位置，在富贵山下的坑道内。为了便于指挥部同前线联系，为了城内富贵山附近的预备队出城时不绕道太平门和中山门，在富贵山的东面，临时开设了一座城门，叫‘新开门’。”另据严开运回忆：“富贵山有个‘新开门’，这里是坑道国防工事，这个门是我们开的，里面有教导总队预备队，如果要增援，新开门一打开，到中山门、太平门也方便了。”

在南京保卫战中，教导总队英勇奋战，视死如归，给了来犯日军以沉重打击。

当代城门及通道

1949年中华人民共和国成立后，又在南京城墙上开辟了解放门、集庆门、华严岗门、标营门、长干门、紫金桥通道、阅江楼西门、后宰门通道、武定门通道、蓝旗街通道、赤石矶通道等多座城门和通道。

解放门

解放门位于鸡笼山北侧台城段城墙，初名台城城门，后改为解放门。北向，砖砌，单孔券门。

解放门

20世纪50年代初，美国对华采取敌对政策，中共南京市委、市政府出于防空疏散人口的需要，于1951年1月在台城段城墙动工拆出一个“V”字形缺口，然后建造城门，至1952年6月竣工。

集庆门

集庆门，又称集庆门通道，位于集庆门大街东端、集庆路西端，外秦淮河东侧，门向朝西，处在明朝城门三山门与聚宝门之间。

1990年，出于城市建设和交通需要，南京市政府决定开辟集庆路出城通道，并请东南大学建筑系潘谷西教授设计。由南京市委原书记顾浩题写“集庆门”门额。

集庆门

1991 年，拆除小沙井 46 号右侧城墙约 48 米，修建此城门。集庆门采用过梁式结构，是一座四孔方形城门，外部用条石、城砖砌筑，在保持南京城墙原有风貌的同时，又与明代城门区别开来。

华严岗门

华严岗门位于挹江门与定淮门之间，外临秦淮河，门向朝西。因为其地靠近华严岗，故名。

2007 年，为配合察哈尔路西延工程，在明城墙坍塌缺口处修建华严岗门。华严岗门为四孔券门，外墙用水泥粉刷，中间的两座拱门高度为 9.38 米，外侧的

华严岗门

两座拱门高度为 6.22 米。该城门的四字名称在南京城门中是比较罕见的。

标营门

标营门位于后标营路与南京城墙交会处，处在中山门南约 744 米处，东临月牙湖和护城河。因位于后标营而得名。

1996 年开通后标营路，修建月牙湖大桥时，在该段明城墙上开辟了一个豁口。2009 年南京市政府为连接南京明城墙豁口，同时便于车辆通行，修建了标营门。

标营门门向朝东，为砖砌三孔券门，中间主门较

标营门

大，两侧边门略小。在标营门内侧的北部，有登城步道，可登上城墙顶部。

长干门

长干门位于中华门与集庆门通道之间，处在中山南路与外秦淮河交界处的北侧。因临近西干长巷和古长干里而得名。

长干门门向朝南，由五个拱券门组成，砖砌，2008 年竣工。

长干门中间为高大的主拱门，南京地铁一号线从中穿越而过；紧临主门的两个较为高大的边门为快车道；两侧又有两个稍微矮小的拱门供市民骑行或行人

长干门

步行使用。这种城门样式在南京城门中独一无二。现代城市交通地铁与古老城墙、秦淮河有机地结合在一起，展现了跨越时空之美。

紫金桥通道

紫金桥通道，又称光华东街通道，位于光华东街东端、紫金路西端，东临紫金桥和护城河，门向朝东，四孔矩形门，中间两个为车行道，南北两侧为人行道。

紫金桥通道

阅江楼西门

2001 年 9 月，阅江楼竣工。为便于游人登临游览，2002 年，在狮子山西城墙中，开辟一拱形通道，单孔，门额上书“登卢”二字，寓意登临卢龙山（狮子山别名）。目前，此门处于封闭状态。

阅江楼西门

后宰门通道

后宰门通道，又称后半山园门、后宰门豁子口，位于琵琶湖东。门向朝北，砖砌，单孔券门，因临近后宰门和后半山园小区而得名。

后宰门通道

2005 年，为迎接 10 月 9 日至 21 日在江苏南京举行的第十届全国运动会，方便后半山园、后宰门、富贵山一带居民前往前湖、琵琶湖和中山路景区休闲出行，专门修建了这座通道。

武定门通道

武定门通道，又称武定门登城口，位于武定门南侧，紧邻武定门。该门是老门东地区登城的一个重要入口。因武定门一带城墙较宽，在维修城墙时，于内部留下了活动空间。目前，南京出版传媒集团（南京出版社）利用通道内部的活动空间，建成了青春会客厅和青春

武定门通道

书店。

武定门通道与武定门同时修建于 2007 年。

蓝旗街通道

蓝旗街通道位于蓝旗街东端，东临护城河，门向朝东，砖砌，单孔券门，因临近城内蓝旗街而得名。

蓝旗街通道开辟于 2014 年。在蓝旗街城门内的北侧，建有登城步道，可登上城墙顶部。

蓝旗街通道

赤石矶通道

赤石矶通道

赤石矶通道位于南京城墙东南角拐弯处。东临外秦淮河，北临江宁路13号大院内的无名通道，西临雨花门。因该地古名赤石矶而得名。

赤石矶通道建于2014年，门向朝东，砖石砌筑，单孔券门。它是通向南唐伏龟楼遗址展厅的专有通道，游人也可由此通道由城墙顶部下来。

伏龟楼始建于南唐，位于南唐江宁府城东南隅赤石矶，因城墙墙体向外凸出，宛若伏龟而得名。它是城墙上重要的城防建筑，同时具有让游人登临赏景的功能。南宋诗人杨万里《与次公幼舆二子登伏龟楼》诗云："周遭故国是山围，对境方知此句奇。偶上伏龟楼上望，一环碧玉缺城西。"南宋景定元年（1260），建康知府马光祖重建伏龟楼。2001年5月，文物部门在修建城墙时发现。伏龟楼基础长15.8米，宽约7.6米。

2014 年，伏龟楼遗址展对外开放，展览包括南京南唐遗迹展、伏龟楼建筑遗址等。

江宁路 13 号无名通道

江宁路 13 号无名通道位于武定门南，赤石矶通道北，东临外秦淮河。门向朝东，砖石砌筑，单孔券门。

在面朝秦淮河的一侧两旁，各有一个人防工事（俗称防空洞）入口；在通道内，南北各有两个人防工事的入口。如今所有的人防工事入口都已经用砖封塞。

1969—1979 年，南京市曾经在城墙内有计划地修建防空洞，据此可以推定，该通道建于这一时期。

江宁路 13 号无名通道外景

江宁路 13 号无名通道内景

愚园南面无名通道

愚园南面无名通道共有两座。南临外秦淮河，北邻愚园和门西文化创意产业园，西临南京城墙西南角。门向朝南，单孔券门，大小、形制相同，条石砌筑。目前，一座可以通行；一座封堵。

愚园南面无名通道之一

愚园南面无名通道之二